**Recette de
la page couverture :**

Côtes levées, sauce barbecue
à la bière, page 70

Éditrice : Caty Bérubé

Directrice de production : Julie Doddridge

Chef d'équipe rédaction/révision : Isabelle Roy
Chef d'équipe infographie : Lise Lapierre
Chef cuisinier : Richard Houde

Coordonnatrice à l'édition : Chantal Côté
Auteurs : Caty Bérubé, Richard Houde, Annie Lavoie et Fernanda Machado Gonçalves
Réviseure : Émilie Lefebvre
Conceptrices graphiques : Julie Auclair, Marie-Christine Langlois,
Ariane Michaud-Gagnon et Claudia Renaud
Infographiste Web et imprimés : Mélanie Duguay
Spécialiste en traitement d'images et calibration photo : Yves Vaillancourt
Photographes : Sabrina Belzil, Rémy Germain et Martin Houde
Stylistes culinaires : Louise Bouchard, Christine Morin et Julie Morin

Collaborateurs : Pub Photo et Josée Poulin

Impression : Solisco

Ventes publicitaires

Directrice ventes et marketing : Marie Turgeon
Communications et marketing : Pierre-Luc Lafrance
Coordonnatrice ventes et abonnements : Diane Michaud
Gestionnaires de comptes : Alexandra Leduc, Maryse Pomerleau
et Simon Robillard, tél. : 1 866 882-0091

Mise en marché

Directeur de la distribution : Marcel Bernatchez
Édimestre : Julie Boudreau
Chef d'équipe entrepôt : Denis Rivard
Commis d'entrepôt : Yves Jobin et Normand Simard
Distribution : Éditions Pratico-Pratiques et Messageries ADP

Administration

Présidente : Caty Bérubé
Conseillère aux ressources humaines : Chantal St-Pierre
Directeur administratif : Ricky Baril
Technicienne à la comptabilité : Amélie Dumont
Commis à la comptabilité : Josée Pouliot
Coordonnatrice de bureau : Josée Lavoie

Dépôt légal : 2e trimestre 2013
Bibliothèque nationale du Québec
Bibliothèque nationale du Canada
ISBN 978-2-89658-612-7

1685, boulevard Talbot, Québec (QC) G2N 0C6
Tél. : 418 877-0259 Sans frais : 1 866 882-0091
Téléc. : 418 849-4595
www.pratico-pratiques.com
Courriel : info@pratico-pratiques.com

Les plaisirs gourmands de Caty

Barbecue

Le plein d'idées
pour mieux en profiter !

Table des matières

Mes plaisirs gourmands
Chéri, on sort le barbecue !

Après le dicton « En avril, ne te découvre pas d'un fil », en voici un autre : « En avril, c'est le temps de sortir le gril » !

Après plusieurs mois de temps frileux et de soleil timide, recommencer à cuisiner sur le barbecue est aussi excitant que l'apparition du premier perce-neige. C'est un signe annonciateur de beau temps, la promesse d'une saison qui s'écoulera sous le signe du plaisir et de la convivialité.

Je ne sais pas si vous êtes comme moi, mais quand l'été renaît, je n'ai qu'une seule idée : profiter de l'extérieur au maximum ! Lire tranquillement sur la terrasse, jouer dans mes plates-bandes, m'amuser sur le terrain avec les enfants… et recevoir famille et amis autour d'un barbecue !

Comme les occasions se multiplient, pas évident de réinventer nos classiques !

Afin de nous inspirer, l'équipe de *Les plaisirs gourmands de Caty* a concocté un livre spécialement dédié à la cuisson sur le gril. En tout, c'est 100 recettes appétissantes qu'il nous propose. Du burger d'agneau à la grecque au saumon à la gremolata citron-orange en passant par les tapas de fromage halloumi bardé de bacon, voici une foule de recettes délectables qui ne manqueront pas d'épater la tablée.

La saison du barbecue est courte, profitez-en !

Caty

Le bonheur est barbecue !

Elles titillent nos papilles dès que l'été se pointe
à l'horizon. Quoi donc ? Nos folles envies de grillades
croquées au grand air en bonne compagnie, bien sûr !
Ah, le bonheur tient à si peu d'ingrédients…

Pour nombre d'entre nous, la saison chaude annonce des heures de plaisir
autour du barbecue. Symbole de l'été, l'appareil fétiche des grillardins donne
à lui seul le coup d'envoi des repas sans chichi.

Il est vrai que les grillades ont le don de nous mettre l'eau à la bouche.
L'odeur légèrement fumée et le goût inimitable que leur confère la cuisson au
barbecue sont carrément irrésistibles.

Du très prisé bifteck aux délices de la mer, des bouchées aux brochettes,
des pizzas aux burgers… le menu 100 % barbecue en voit de toutes les saveurs.
Et pour peu qu'on l'escorte de salades fraîcheur, de riz parfumés, de légumes
vitaminés ou de sauces relevées, la variété est au rendez-vous.

Faites donc provision de recettes simplissimes et de conseils avisés
pour maîtriser l'art du gril comme un chef. À vos barbecues, et que ça chauffe !

UN MONDE DE POSSIBILITÉS

Au-delà des steaks et des hamburgers, il y a toute une vie! Les viandes, les volailles, les merveilles de la mer, les légumes, les pizzas et les sandwichs de tous ordres élargissent le répertoire.

Si le bœuf demeure la vedette du gril, rien n'empêche de se tourner vers des viandes plus maigres ou plus tendres. Le porc par exemple: peu importe la découpe (côtelette, filet, rôti de longe), c'est vraiment cochon! Les carrés d'agneau et les côtes de veau grillés se révèlent tout aussi exquis. Du côté de la volaille, le poulet gagne notre faveur. Comme une fois n'est pas coutume, la dinde (escalopes) et le canard (poitrines) peuvent prendre le relais. À l'occasion, même le tofu converti en galette protéinée peut renouveler la formule du burger façon végé!

Les eaux de notre planète débordent de poissons et de fruits de mer goûteux. Autant en profiter! Les chairs fermes (thon, saumon, marlin bleu, morue) ou fines (tilapia, aiglefin) méritent un passage sur le barbecue, tout comme les calmars, les crevettes, les pétoncles, les langoustes, le homard…

Cuits en papillotes ou en brochettes, les légumes d'été s'accordent avec les grillades. Quelques idées? Des asperges servies avec un trait de tamari, des tomates agrémentées de tapenade, du fenouil arrosé d'un filet d'huile de noix, des aubergines relevées de basilic haché.

Eh oui, la pizza se met aussi en mode barbecue! Qu'on la prépare avec une pâte fraîche ou avec un pain de type naan, elle se révèle une option santé surtout si on la garnit de viandes maigres et d'une belle portion de légumes (environ 250 ml – 1 tasse).

Avec la variété de pains offerts sur le marché (baguette, panini, kaiser, ciabatta, focaccia, pita), on a presque le goût de dire bye bye au burger tel qu'on le connaît. Grâce à des garnitures et à des sauces qui sortent de l'ordinaire, il adopte un air gourmet que l'on adore.

ET LA SANTÉ DANS TOUT ÇA?

La cuisson au barbecue est réputée avoir des effets cancérigènes. Elle n'est toutefois pas nocive si on y a recours occasionnellement. Par contre, quelques précautions s'imposent pour qu'elle reste sécuritaire.

• Évitez la cuisson prolongée à très haute température (plus de 300 °C – 572 °F), qui peut causer la formation d'acides aminés hétérocycliques (AHC) dus à la carbonisation. Placée sur la grille à 10 cm (4 po) des braises, la viande doit cuire idéalement à chaleur indirecte à environ 180 °C (350 °F).

• Préférez les petites pièces de viande ou faites précuire les gros morceaux au micro-ondes afin d'écourter le temps de cuisson sur le gril.

• Retirez le gras visible qui, en s'écoulant sur les flammes, peut libérer des hydrocarbures aromatiques polycycliques (HAP). Autre truc: favorisez les viandes maigres (poitrine de poulet sans peau, filet de porc, veau) et la cuisson en papillote.

• Misez sur les marinades acides. En protégeant la viande contre la forte chaleur du barbecue, elles freineraient la formation de substances néfastes. Égouttez bien le morceau de viande avant de le faire griller.

• Évitez de piquer la viande avec une fourchette. En s'échappant, le jus cause les flambées.

• Escortez vos repas de légumes riches en antioxydants (tomates, poivrons).

• Nettoyez régulièrement les grilles avec une brosse métallique. Tout résidu de nourriture peut contaminer vos grillades.

Le bonheur est barbecue!

ENVIE D'UN BIFTECK TENDRE ET JUTEUX?

Suivez ces précieux conseils pour obtenir la texture désirée.

Avant la cuisson : laissez reposer la viande 30 minutes hors du frigo avant de la griller afin que sa température soit uniforme. Votre bifteck cuira alors aussi bien à l'extérieur qu'à l'intérieur. Vos pièces de viande sont d'une épaisseur inégale ? Placez la partie la plus charnue au centre du gril.

Pendant la cuisson : retournez la viande avec des pinces afin de garder le jus essentiel à sa tendreté.

Après la cuisson : couvrez la viande de papier d'aluminium et laissez-la reposer cinq minutes loin de la chaleur du barbecue. Le jus se répartira dans la chair, qui deviendra alors plus tendre.

LA CUISSON DES BIFTECKS

Pour cuire les biftecks à votre goût, aidez-vous de ce tableau. Les temps de cuisson suggérés peuvent varier légèrement selon le modèle de barbecue.

TEMPS DE CUISSON

Nombre de minutes par côté à puissance moyenne-élevée

Épaisseur du bifteck	Saignant (63°C – 145°F)*	À point (70°C – 160°F)*	Bien cuit (77°C – 170°F)*
2 cm (¾ de po)	de 3 à 4	de 4 à 5	de 5 à 6
2,5 cm (1 po)	de 5 à 6	de 6 à 7	de 7 à 9
4 cm (1 ½ po)	de 9 à 10	de 10 à 14	de 15 à 18

* Température interne de la viande

Le b.a. ba de la marinade

La marinade n'a pas son pareil pour attendrir la volaille et les viandes. Fiez-vous à ces astuces pour bien réussir la vôtre.

....

- Calculez 250 ml (1 tasse) de marinade pour 1 kg (2,2 lb) de viande. Mélangez trois parts d'huile pour une part d'un élément acide (vinaigre, vin, jus d'agrumes, yogourt).

- Préparez la marinade au moins 24 heures à l'avance afin de permettre aux saveurs de bien s'amalgamer. Comme elle se garde de quatre à sept jours au frais, vous pouvez aussi profiter du weekend pour en faire en quantité.

- Laissez mariner vos aliments au frigo, de préférence dans des pots en verre (de type Masson) ou dans des sacs de congélation hermétiques. Évitez les contenants en métal qui réagissent à l'acidité de certains ingrédients.

- Prévoyez un marinage de 30 minutes à 2 heures pour les poissons et les fruits de mer, de 2 à 8 heures pour le poulet et le porc, de 3 à 12 heures pour les viandes rouges (bœuf, agneau, gibier).

- Réservez une quantité de marinade pour le badigeonnage en cours de cuisson. Si vous utilisez la marinade dans laquelle a macéré la viande crue, faites-la bouillir au moins cinq minutes.

BROCHETTES PARFAITES

Réussir des brochettes, c'est simple !
Pour empêcher que…
…les légumes ne glissent lors de la cuisson : placez un cube de viande à chaque extrémité de vos brochettes.
…les aliments ne gigotent quand on les retourne : enfilez les morceaux sur des brochettes à tige plate plutôt qu'à tige ronde. Piquez les aliments plus fragiles (crevettes, asperges) sur deux tiges plutôt que sur une seule.
…la viande ne reste soudée au moment de servir : huilez les tiges avant d'assembler les brochettes.

Tapas et p'tites bouchées

Mini-boulettes d'agneau,

champignons farcis au crabe,

satays de poulet, salsa de tomates

et pêches sur canapé de pain pita

grillé… Voici des idées de recettes

géniales et craquantes à souhait

que vous pourrez servir en entrée

ou en à-côté !

Mini-boulettes d'agneau et tomates cerises

Préparation : **10 minutes** • Cuisson : **9 minutes** • Quantité : **12 brochettes**

300 g (⅔ de lb) d'agneau haché
....
60 ml (¼ de tasse) de germe de blé
....
30 ml (2 c. à soupe) de menthe fraîche hachée
....
30 ml (2 c. à soupe) de persil frais haché
....
15 ml (1 c. à soupe) d'huile d'olive
....
2,5 ml (½ c. à thé) de cumin
....
½ oignon haché
....
1 petit œuf
....
24 tomates cerises
....

1. Préchauffer le barbecue à puissance moyenne-élevée.

2. Dans un bol, mélanger tous les ingrédients, à l'exception des tomates. Façonner 24 boulettes avec environ 15 ml (1 c. à soupe) de préparation pour chacune d'elles.

3. Déposer les boulettes sur la grille huilée ou dans un plateau perforé conçu pour le barbecue. Fermer le couvercle et cuire de 6 à 8 minutes.

4. Sur 12 brochettes, piquer les boulettes et les tomates en les faisant alterner. Cuire de nouveau de 3 à 4 minutes, jusqu'à ce que l'intérieur des boulettes ait perdu sa teinte rosée.

Le saviez-vous ?

Ça se prépare à l'avance

Vous voulez prendre une longueur d'avance ? Rien de plus simple ! Il suffit de cuire les boulettes au four de 6 à 8 minutes à 180 °C (350 °F) sur une plaque de cuisson tapissée d'une feuille de papier parchemin. Réservez-les au frais puis, au moment du repas, assemblez les brochettes et faites-les cuire sur le barbecue à puissance moyenne-élevée de 4 à 5 minutes.

Crevettes à l'orange et coriandre

Préparation : **15 minutes** • Marinage : **15 minutes**
Cuisson : **4 minutes** • Quantité : **16 crevettes**

16 crevettes moyennes (calibre 31/40), crues et décortiquées

POUR LA MARINADE :

30 ml (2 c. à soupe) d'huile d'olive

15 ml (1 c. à soupe) de coriandre fraîche hachée

10 ml (2 c. à thé) de cari

2 limes (zeste et jus)

1 orange (zeste et jus)

Sel et poivre au goût

1. Dans un bol, mélanger les ingrédients de la marinade. **2.** Ajouter les crevettes et laisser mariner de 15 à 30 minutes au frais. Pendant ce temps, faire tremper des mini-brochettes de bambou (ou des brochettes coupées en trois) dans l'eau. **3.** Au moment de la cuisson, préchauffer le barbecue à puissance moyenne. Piquer chacune des crevettes sur une mini-brochette. **4.** Sur la grille chaude et huilée du barbecue, déposer les mini-brochettes de crevettes et cuire de 2 à 3 minutes de chaque côté.

Champignons farcis au crabe

Préparation : **20 minutes** • Cuisson : **10 minutes** • Quantité : **16 champignons**

250 ml (1 tasse) de chair de crabe égouttée

60 ml (¼ de tasse) de crème sure

15 ml (1 c. à soupe) d'échalotes sèches hachées

15 ml (1 c. à soupe) de ciboulette fraîche hachée

1 citron (jus)

30 ml (2 c. à soupe) d'amandes concassées

Sel et poivre au goût

16 gros champignons blancs

125 ml (½ tasse) de fromage suisse râpé

1. Préchauffer le barbecue à puissance moyenne-élevée. **2.** Dans un bol, mélanger la chair de crabe avec la crème sure, les échalotes, la ciboulette, le jus de citron et les amandes. Saler et poivrer. **3.** Retirer délicatement le pied des champignons. Farcir les chapeaux des champignons avec la préparation au crabe puis couvrir de fromage suisse. **4.** Sur la grille chaude et huilée du barbecue, déposer délicatement les champignons à l'aide d'une spatule à barbecue. Fermer le couvercle et régler le barbecue à puissance moyenne. Cuire de 10 à 15 minutes.

Bruschettas aux tomates, jambon et cheddar

Préparation : **15 minutes** • Cuisson : **5 minutes** • Quantité : **16 bruschettas**

½ pain baguette

30 ml (2 c. à soupe) d'huile d'olive

250 ml (1 tasse) de tomates coupées en petits dés

250 ml (1 tasse) de jambon coupé en petits dés

30 ml (2 c. à soupe) de basilic frais haché

250 ml (1 tasse) de cheddar râpé

Sel et poivre du moulin au goût

1. Préchauffer le barbecue à puissance moyenne. **2.** Couper le pain en tranches de 1 cm (½ po) et badigeonner les deux côtés des tranches d'huile d'olive. **3.** Sur la grille chaude du barbecue, déposer les tranches et faire dorer d'un seul côté. **4.** Dans un bol, mélanger les tomates avec le jambon et le basilic. Répartir ce mélange sur les tranches de pain du côté grillé. Couvrir de cheddar et assaisonner. **5.** Déposer sur la grille du barbecue. Fermer le couvercle et cuire 5 minutes, jusqu'à ce que le fromage soit fondu.

Satays de poulet

Préparation : **10 minutes** • Cuisson : **4 minutes** • Quantité : **12 portions**

3 poitrines de poulet
sans peau coupées en
lanières de 1 cm (½ po)
....

POUR LA MARINADE :

45 ml (3 c. à soupe)
de jus de lime
....

45 ml (3 c. à soupe)
d'huile d'arachide
ou de canola
....

5 ml (1 c. à thé)
de cari
....

5 ml (1 c. à thé)
d'ail haché
....

1. Préchauffer le barbecue à puissance moyenne-élevée.

2. Dans un bol, mélanger les ingrédients de la marinade. Ajouter les lanières de poulet dans le bol et remuer.

3. Piquer chacune des lanières de poulet sur une brochette.

4. Sur la grille chaude et huilée du barbecue, cuire les brochettes de 2 à 3 minutes de chaque côté. Servir avec la sauce aux arachides chaude (voir recette ci-dessous).

J'aime avec...

Sauce aux arachides

Dans une casserole, porter à ébullition le contenu de 1 boîte de lait de coco de 400 ml avec 15 ml (1 c. à soupe) de gingembre haché, 10 ml (2 c. à thé) d'ail haché, 5 ml (1 c. à thé) de curcuma et 60 ml (¼ de tasse) de beurre d'arachide. Incorporer 15 ml (1 c. à soupe) de jus de lime et 30 ml (2 c. à soupe) de sauce soya. Laisser mijoter à feu doux 5 minutes.

Salade de poivrons à l'italienne

Préparation : **30 minutes** • Quantité : **4 portions**

2 poivrons jaunes
....
2 poivrons rouges
....
15 ml (1 c. à soupe)
de vinaigre balsamique
....
30 ml (2 c. à soupe)
de noix de pin
....
12 olives noires
....
½ oignon rouge émincé
....
125 ml (½ tasse) de tomates
séchées émincées
....
1 laitue Boston
....
1 contenant de copeaux
de parmesan de 125 g
....

1. Faire griller les poivrons en suivant les étapes présentées ci-dessous.

2. Dans un bol, mélanger le vinaigre balsamique avec les noix de pin, les olives, l'oignon rouge, les tomates séchées et les poivrons taillés en lanières.

3. Répartir les feuilles de laitue dans les assiettes. Garnir de salade de poivrons et de quelques copeaux de parmesan.

C'est facile !
Faire griller des poivrons

1. Préchauffer le barbecue à puissance moyenne-élevée. Sur la grille chaude et huilée, déposer les poivrons entiers. Fermer le couvercle et cuire de 15 à 20 minutes, jusqu'à ce que la peau soit gonflée et noircie, en retournant les poivrons à plusieurs reprises pendant la cuisson.

2. Placer les poivrons dans un sac de plastique refermable. Laisser reposer 15 minutes.

3. Tailler les poivrons en quartiers. Retirer la membrane blanche et les pépins. À l'aide d'un petit couteau, retirer la peau des poivrons.

Fromage halloumi bardé de bacon

Préparation : **15 minutes** • Cuisson : **4 minutes** • Quantité : **4 portions**

200 g de fromage halloumi
(de type Doré-mi)
....
8 tranches de bacon précuit
....
2 tiges de romarin coupées
en quatre
....
5 ml (1 c. à thé) de thym
frais haché
....
Poivre au goût
....
15 ml (1 c. à soupe) de moutarde
à l'ancienne
....
80 ml (⅓ de tasse) d'huile d'olive
....
500 ml (2 tasses) de roquette
....

1. Préchauffer le barbecue à puissance moyenne-élevée.

2. Couper le fromage en huit tranches. Barder chacun des morceaux de fromage d'une tranche de bacon et la fixer avec un brin de romarin. Assaisonner de thym et de poivre.

3. Dans un bol, mélanger la moutarde avec l'huile. Avec le quart du mélange, badigeonner chacun des côtés des tranches de fromage.

4. Sur la grille chaude et huilée du barbecue, cuire les tranches de fromage de 4 à 5 minutes en les retournant à mi-cuisson.

5. Servir avec la roquette et napper avec le reste de la vinaigrette.

Le saviez-vous ?

Comment réduire le sodium ?

Le sel est un agent de conservation naturel, c'est pourquoi plusieurs fromages sont très salés. C'est le cas du fromage halloumi utilisé dans cette recette. Si vous souhaitez réduire votre consommation de sodium, faites tremper votre fromage quelques heures dans l'eau. Sa teneur en sel diminuera significativement, mais il ne perdra ni en goût ni en texture.

Salsa express
aux tomates et pêches

Préparation : **15 minutes** • Réfrigération : **30 minutes** • Quantité : **500 ml (2 tasses)**

3 tomates italiennes

1 petit oignon rouge

½ poivron rouge

2 pêches fraîches ou
3 demi-pêches dans
le sirop, égouttées

30 ml (2 c. à soupe)
de ketchup

30 ml (2 c. à soupe)
d'huile d'olive

5 ml (1 c. à thé) de pesto
aux tomates séchées

15 ml (1 c. à soupe)
de coriandre fraîche
hachée

15 ml (1 c. à soupe)
de ciboulette fraîche
hachée

4 à 5 pains pita ou naan,
coupés en huit pointes

1. Trancher les tomates en deux et retirer
les pépins.

2. Couper en dés très fins l'oignon,
le poivron, les pêches et les tomates.

3. Dans un grand bol, mélanger le ketchup
avec l'huile et le pesto. Incorporer les dés
de légumes et de fruits, la coriandre et
la ciboulette. Réfrigérer 30 minutes.

4. Accompagner la salsa de pain légèrement
grillé sur le barbecue.

Salade de légumes grillés et fromage en grains

Préparation : **25 minutes** • Cuisson : **5 minutes** • Quantité : **de 6 à 8 portions**

2 courgettes coupées en dés

1 poivron rouge coupé en dés

1 poivron jaune coupé en dés

1 petite aubergine coupée en dés

8 champignons coupés en deux

60 ml (¼ de tasse) d'huile d'olive

½ baguette de pain

200 g de fromage en grains

POUR LA VINAIGRETTE :

80 ml (⅓ de tasse) d'huile d'olive

45 ml (3 c. à soupe) de basilic frais émincé

30 ml (2 c. à soupe) de vinaigre balsamique

5 ml (1 c. à thé) de thym frais haché

5 ml (1 c. à thé) d'ail haché

Sel et poivre au goût

1. Préchauffer le barbecue à puissance moyenne-élevée.

2. Déposer les légumes dans un grand bol. Arroser de 15 ml (1 c. à soupe) d'huile d'olive et remuer.

3. Transférer dans un plateau d'aluminium. Déposer sur la grille du barbecue et fermer le couvercle. Cuire de 5 à 7 minutes en remuant de temps en temps.

4. Trancher la baguette en deux sur la longueur. Badigeonner le pain avec le reste d'huile. Déposer sur la grille supérieure et faire griller 2 minutes.

5. Couper le pain en cubes de 2 cm (¾ de po).

6. Dans un saladier, mélanger les ingrédients de la vinaigrette. Ajouter les légumes grillés puis laisser tiédir.

7. Au moment de servir, incorporer le fromage et les croûtons.

Exquises volailles

Volaille et barbecue sont réputés

pour faire bon ménage depuis

belle lurette. Farcie, marinée,

grillée, parfumée à la citronnelle

ou aux câpres, enrichie de

cheddar ou de brie… cette

chair exquise si appréciée

donnera à tout coup des ailes

à votre menu estival.

Poitrines de poulet mangue et cari

Préparation : **15 minutes** • Marinage : **1 heure**
Cuisson : **27 minutes** • Quantité : **4 portions**

4 poitrines de poulet de 180 g
(environ ⅓ de lb) chacune,
sans peau

POUR LA MARINADE :

125 ml (½ tasse) de marmelade

125 ml (½ tasse) de jus de mangue

60 ml (¼ de tasse) d'huile d'olive

30 ml (2 c. à soupe) de jus de citron

10 ml (2 c. à thé) de cari

Poivre au goût

1. Chauffer la marmelade 30 secondes
au micro-ondes.

2. Dans un bol, mélanger les ingrédients de
la marinade. Transférer le tiers de la marinade
dans un sac hermétique et ajouter les poitrines
de poulet. Secouer pour bien enrober les
poitrines et laisser mariner 1 heure au frais,
idéalement jusqu'à 12 heures. Réserver au
frais le reste de la marinade (elle servira
à badigeonner en cours de cuisson).

3. Au moment de la cuisson, préchauffer
le barbecue à puissance moyenne-élevée
en allumant un seul brûleur (pour une
cuisson indirecte).

4. Égoutter les poitrines et jeter la marinade.

5. Sur la grille chaude et huilée, déposer les
poitrines du côté allumé. Saisir 1 minute de
chaque côté, puis déposer du côté éteint du
barbecue. Badigeonner les poitrines avec la
marinade réservée.

6. Fermer le couvercle et cuire 25 minutes,
en retournant et en badigeonnant les
poitrines avec la marinade réservée quelques
fois en cours de cuisson, jusqu'à ce que
l'intérieur de la chair ait perdu sa teinte rosée.

J'aime avec...

Rubans de concombre en salade

Dans un saladier, fouetter 60 ml (¼ de tasse) d'huile
de sésame non grillé avec 15 ml (1 c. à soupe) de sauce
soya, 30 ml (2 c. à soupe) de jus de lime, 15 ml (1 c. à
soupe) de miel et 1 piment fort émincé. À l'aide d'une
mandoline, couper en fins rubans 1 ½ concombre
anglais et ½ oignon rouge. Ajouter dans le saladier.
Saler et poivrer. Remuer délicatement.

Poulet à la citronnelle

Préparation : **15 minutes** • Marinage : **1 heure**
Cuisson : **15 minutes** • Quantité : **4 portions**

2 bâtons de citronnelle émincés
....
30 ml (2 c. à soupe) de pâte
de cari rouge
....
15 ml (1 c. à soupe) de gingembre
haché
....
45 ml (3 c. à soupe) de sauce tamari
....
30 ml (2 c. à soupe) d'huile
de canola
....
½ oignon haché
....
5 ml (1 c. à thé) d'ail haché
....
12 pilons de poulet
....

1. Dans un bol, mélanger la citronnelle avec la pâte de cari, le gingembre, la sauce tamari, l'huile, l'oignon et l'ail.

2. Ajouter les pilons et laisser mariner de 1 à 2 heures au frais.

3. Au moment de la cuisson, préchauffer le barbecue à puissance moyenne-élevée. Égoutter les pilons et jeter la marinade.

4. Sur la grille chaude et huilée du barbecue, déposer les pilons et fermer le couvercle. Cuire de 15 à 20 minutes en retournant les pilons de temps à autre, jusqu'à ce que l'intérieur de la chair ait perdu sa teinte rosée.

Le saviez-vous ?

Qu'est-ce que la citronnelle ?

On pourrait penser que la citronnelle vient de la famille du citron, mais ce n'est pas le cas. Cette herbe, aussi appelée verveine des Indes, se nomme ainsi en raison de l'odeur prononcée de citron qu'elle dégage. Originaire de l'Inde, cette graminée se trouve aussi dans différentes régions de l'Afrique et des Antilles. La base de ses tiges fraîches, coupée en rondelle et hachée, sert à parfumer une variété de plats : marinades, soupes, viandes grillées, salades. C'est d'ailleurs un ingrédient incontournable de la cuisine du sud-est de l'Asie, qui se marie bien avec le gingembre, la noix de coco, l'ail et l'échalote, entre autres.

Le poulet grillé parfait

Préparation : 15 minutes • **Marinage : 8 heures**
Cuisson : 35 minutes • **Quantité : de 4 à 6 portions**

1 poulet entier de
1,5 à 2 kg (de 3 à 4 lb)
....

Sel et poivre
du moulin au goût
....

180 ml (¾ de tasse)
d'huile d'olive
....

30 ml (2 c. à soupe)
de romarin frais haché
....

30 ml (2 c. à soupe)
de thym frais haché
....

15 ml (1 c. à soupe) de
piment fort en flocons
....

1 citron (jus)
....

4 gousses d'ail émincées
....

2 briques
....

Fleur de sel au goût
....

1 citron coupé
en quartiers
....

1. Séparer le poulet en deux, en le coupant au milieu de la colonne vertébrale à l'aide d'un gros couteau ou d'un couperet. Disposer le poulet à plat, la peau vers le haut. Appuyer fermement sur le poulet pour l'aplatir autant que possible.

2. Déposer le poulet dans un plat de cuisson carré ou rectangulaire. Assaisonner de sel et de poivre.

3. Dans un petit bol, bien mélanger l'huile d'olive, le romarin, le thym, les flocons de piment fort, le jus de citron et l'ail. Napper le poulet avec les trois quarts de la marinade. Couvrir et réfrigérer de 8 à 12 heures. Réserver le reste de la marinade au frais.

4. Sortir le poulet du réfrigérateur au moins 30 minutes avant de le cuire.

5. Au moment de la cuisson, préchauffer le gril du barbecue à température moyenne-élevée. Réchauffer ensuite deux briques enveloppées de papier d'aluminium environ 15 minutes sur le barbecue.

6. Quand les briques sont bien chaudes, éteindre un brûleur pour cuire le poulet à chaleur indirecte. Déposer le poulet sur la grille, la chair vers le bas, du côté où le feu est éteint. Déposer les briques sur le poulet. Fermer le couvercle et cuire de 20 à 25 minutes, ou jusqu'à ce que la peau commence à brunir légèrement.

7. Retourner ensuite le poulet, en le déplaçant sur le côté du gril où le brûleur est allumé. La peau doit être sur le dessus, sinon elle sera carbonisée. Replacer les briques sur le poulet. Fermer le couvercle du barbecue et poursuivre la cuisson de 10 à 15 minutes.

8. Retirer les briques et retourner le poulet une dernière fois. Poursuivre la cuisson quelques minutes supplémentaires, jusqu'à ce que la peau soit bien croustillante et que la température de la partie la plus épaisse de la cuisse atteigne 75 °C (165 °F) sur un thermomètre à cuisson.

9. Retirer le poulet du feu et le couvrir de papier d'aluminium. Laisser reposer environ 15 minutes sur une planche à découper.

10. Saupoudrer le poulet de fleur de sel et le napper du reste de la marinade. Accompagner de quartiers de citron et servir.

J'aime avec...

Salade de fenouil grillé

Préchauffer le barbecue à puissance très élevée. Couper 2 bulbes de fenouil en six. Déposer dans un grand bol. Verser 125 ml (½ tasse) d'huile d'olive et remuer. Griller le fenouil de 10 à 15 minutes sur le barbecue. Laisser tiédir puis couper le fenouil en lanières. Dans un saladier, mélanger 75 ml (environ ⅓ de tasse) d'huile d'olive vierge extra avec 125 ml (½ tasse) de noix de Grenoble rôties et émiettées ainsi que 2,5 ml (½ c. à thé) de piment fort en flocons. Saler et poivrer. Ajouter 125 ml (½ tasse) de fromage pecorino en copeaux minces, 500 ml (2 tasses) d'épinards nains et le fenouil grillé.

Poulet rôti teriyaki

Préparation : **15 minutes** • Marinage : **12 heures**
Cuisson : **46 minutes** • Quantité : **4 portions**

1 poulet entier de 1 kg (2,2 lb)

POUR LA MARINADE :

180 ml (¾ de tasse) de sauce teriyaki pour marinade

15 ml (1 c. à soupe) de gingembre haché

5 ml (1 c. à thé) d'ail haché

1 oignon haché

1 anis étoilé

1. Dans un grand plat creux, mélanger les ingrédients de la marinade.

2. Couper le poulet sur toute la longueur du dos. Ouvrir le poulet en deux. Placer les poitrines vers le haut et appuyer pour aplatir.

3. Déposer le poulet dans la marinade et laisser mariner 12 heures au frais ou toute la nuit.

4. Au moment de la cuisson, préchauffer le barbecue à puissance moyenne-élevée en allumant un seul brûleur, pour une cuisson indirecte. Égoutter le poulet en prenant soin de réserver la marinade.

5. Sur la grille chaude et huilée du barbecue, du côté du brûleur allumé, déposer le poulet à plat, poitrine vers le haut. Cuire de 3 à 4 minutes de chaque côté.

6. Déplacer le poulet du côté du brûleur éteint. Fermer le couvercle et cuire de 40 à 45 minutes, en badigeonnant le poulet avec la marinade réservée pendant les 20 premières minutes de cuisson. Cuire jusqu'à ce que l'intérieur de la chair ait perdu sa teinte rosée.

J'aime avec...

Papillote de légumes à l'asiatique

Mélanger 30 ml (2 c. à soupe) d'huile de sésame non grillé avec 2,5 ml (½ c. à thé) de mélange chinois cinq épices, 15 ml (1 c. à soupe) de gingembre haché et 5 ml (1 c. à thé) d'ail haché. Ajouter 2 poivrons rouges émincés, 1 oignon émincé, 1 brocoli taillé en petits bouquets et remuer. Transférer dans une papillote de papier d'aluminium. Déposer sur la grille du barbecue et fermer le couvercle. Cuire de 8 à 10 minutes à puissance moyenne-élevée.

Poulet grillé aux tomates séchées

Préparation : **15 minutes** • Marinage : **3 heures**
Cuisson : **12 minutes** • Quantité : **4 portions**

4 poitrines de poulet désossées, sans peau

POUR LA MARINADE :

60 ml (¼ de tasse) d'huile d'olive

30 ml (2 c. à soupe) de pesto aux tomates séchées

15 ml (1 c. à soupe) de ciboulette fraîche hachée

15 ml (1 c. à soupe) de thym frais haché

5 ml (1 c. à thé) de curcuma

2 citrons (jus)

Sel et poivre au goût

1. Dans un bol, fouetter les ingrédients de la marinade.

2. Verser dans un sac en plastique refermable. Ajouter les poitrines et laisser mariner de 3 à 4 heures au frais, idéalement jusqu'à 12 heures.

3. Au moment de la cuisson, préchauffer le barbecue à puissance moyenne-élevée. Égoutter les poitrines et jeter la marinade.

4. Sur la grille chaude et huilée du barbecue, déposer les poitrines. Saisir 1 minute de chaque côté. Fermer le couvercle et diminuer l'intensité du barbecue à puissance moyenne. Cuire de 6 à 8 minutes de chaque côté, jusqu'à ce que l'intérieur des poitrines ait perdu sa teinte rosée.

Le saviez-vous ?

Qu'est-ce que du pesto aux tomates séchées ?

On connaît tous le pesto de basilic. Mais ce classique italien peut se décliner dans des saveurs inusitées : outre les tomates séchées, le pesto rouge qui parfume cette marinade se compose ainsi d'huile d'olive, d'ail, de noix de pin et de parmesan (parfois d'un soupçon de thym frais). Pour préparer son pesto maison, il suffit de réduire en purée tous ces ingrédients dans le contenant du robot culinaire. Au supermarché (près du rayon des pâtes fraîches, en général), on trouve le pesto en bocal de verre, en contenant de plastique ou en emballage souple.

Poulet farci aux abricots et cheddar

Préparation : 15 minutes • **Cuisson : 12 minutes** • **Quantité : 4 portions**

4 poitrines de poulet, sans peau

16 abricots séchés

4 tranches de cheddar

5 ml (1 c. à thé) de thym frais haché

180 ml (¾ de tasse) de crème sure

2 oignons verts hachés

5 ml (1 c. à thé) de cari

Sel et poivre au goût

1. Préchauffer le barbecue à puissance moyenne-élevée.

2. Couper les poitrines en deux sur l'épaisseur, sans les couper complètement.

3. Garnir les poitrines d'abricots, d'une tranche de cheddar et de thym. Maintenir les poitrines fermées à l'aide d'un cure-dent.

4. Sur la grille chaude et huilée du barbecue, déposer les poitrines et fermer le couvercle. Cuire les poitrines de 6 à 7 minutes de chaque côté, jusqu'à ce que l'intérieur de la chair ait perdu sa teinte rosée.

5. Dans un bol, mélanger la crème sure avec les oignons verts et le cari. Saler et poivrer. Servir avec le poulet.

J'aime avec...

Asperges et poivron rouge grillés

Parer 16 asperges. Couper 1 poivron rouge en lanières. Déposer les légumes dans un plateau en aluminium, sans les superposer. Mélanger 30 ml (2 c. à soupe) d'huile d'olive avec 15 ml (1 c. à soupe) de gingembre haché. Verser sur les légumes. Saler et poivrer. Cuire sur le barbecue à puissance moyenne-élevée de 10 à 12 minutes, couvercle fermé. Retourner les légumes à mi-cuisson.

Escalopes de poulet au citron et câpres

Préparation : **25 minutes** • Marinage : **1 heure**
Cuisson : **8 minutes** • Quantité : **4 portions**

30 ml (2 c. à soupe) d'huile d'olive

15 ml (1 c. à soupe) de zestes de citron

30 ml (2 c. à soupe) de jus de citron

250 ml (1 tasse) de bouillon de poulet

5 ml (1 c. à thé) d'ail haché

30 ml (2 c. à soupe) d'échalotes sèches hachées

5 ml (1 c. à thé) de thym frais haché

Sel et poivre au goût

4 escalopes de poulet, sans peau

10 ml (2 c. à thé) de fécule de maïs

30 ml (2 c. à soupe) de câpres

15 ml (1 c. à soupe) de persil frais haché

1. Dans un bol, mélanger l'huile avec les zestes et le jus de citron, le bouillon, l'ail, les échalotes, le thym ainsi que l'assaisonnement.

2. Verser dans un sac de plastique refermable et ajouter les escalopes. Laisser mariner de 1 à 2 heures au frais.

3. Au moment de la cuisson, préchauffer le barbecue à puissance moyenne-élevée. Égoutter les escalopes et verser la marinade dans une casserole.

4. Sur la grille chaude et huilée du barbecue, faire griller les escalopes de 1 à 2 minutes de chaque côté. Pendant ce temps, porter à ébullition la marinade puis laisser mijoter de 8 à 10 minutes à feu moyen, jusqu'à ce qu'elle ait réduit de moitié.

5. Délayer la fécule de maïs dans un peu d'eau froide. Lorsque la marinade a réduit de moitié, verser la fécule dans le liquide en ébullition. Fouetter jusqu'à épaississement. Incorporer les câpres et le persil. Servir avec les escalopes.

Le saviez-vous ?

Où se procurer des escalopes de poulet ?

Délicieusement grillées, les escalopes de poulet régalent la tablée estivale. On peut les acheter déjà prêtes à l'emploi au comptoir des viandes du supermarché. Cela dit, rien ne vous empêche de les préparer vous-même à partir de simples poitrines de poulet désossées. Comment procéder ? Coupez d'abord chaque poitrine en deux sur la longueur, puis placez chaque tranche dans un sac refermable en plastique. À l'aide d'un attendrisseur à viande ou d'un rouleau à pâtisserie, exercez plusieurs pressions de manière à l'aplatir en une fine escalope d'environ 1 cm ($\frac{1}{2}$ po) d'épaisseur.

Poitrines de poulet et salsa colorée

Préparation : **15 minutes** • Réfrigération : **1 heure**
Cuisson : **12 minutes** • Quantité : **4 portions**

4 poitrines de poulet, sans peau

30 ml (2 c. à soupe) d'huile d'olive

15 ml (1 c. à soupe)
d'épices à volaille

POUR LA SALSA :

1 ½ pêche (fraîche ou en boîte)

6 fraises

½ oignon

1 poivron rouge

60 ml (¼ de tasse) d'huile d'olive

45 ml (3 c. à soupe) de sauce chili

15 ml (1 c. à soupe) de jus de lime

30 ml (2 c. à soupe)
de coriandre fraîche hachée

30 ml (2 c. à soupe)
de persil frais haché

1 à 2 pincées de poivre de
la Jamaïque (quatre-épices)

Sel au goût

1. Préchauffer le barbecue à puissance moyenne-élevée.

2. Badigeonner les poitrines d'huile et saupoudrer d'épices à volaille.

3. Sur la grille chaude et huilée du barbecue, déposer les poitrines de poulet et fermer le couvercle. Cuire de 6 à 8 minutes de chaque côté, jusqu'à ce que l'intérieur de la chair ait perdu sa teinte rosée.

4. Pendant ce temps, préparer la salsa. Couper les fruits et les légumes en dés. Dans un bol, fouetter l'huile avec la sauce chili et le jus de lime. Incorporer le reste des ingrédients. Réfrigérer 1 heure.

5. Servir les poitrines de poulet avec la salsa.

J'aime parce que...
Ça goûte l'été

Une salsa de fraises, de pêche et de poivron… Miam ! Quel délice ! En plus d'apporter une bonne touche sucrée aux grillades, c'est coloré, vitaminé et tellement appétissant !

Escalopes de dinde au brie

Préparation : 5 minutes • Marinage : 1 heure
Cuisson : 4 minutes • Quantité : 4 portions

30 ml (2 c. à soupe)
de pâte de tandoori
....
30 ml (2 c. à soupe)
de yogourt nature
....
15 ml (1 c. à soupe)
d'huile d'olive
....
4 escalopes de dinde
....
115 g de brie tranché
....
10 ml (2 c. à thé) de thym
frais haché
....

1. Dans un bol, mélanger la pâte de tandoori avec le yogourt et l'huile d'olive.

2. Verser dans un sac hermétique et ajouter les escalopes de dinde. Laisser mariner 1 heure au frais.

3. Au moment de la cuisson, préchauffer le barbecue à puissance moyenne-élevée. Égoutter les escalopes et jeter la marinade.

4. Sur la grille chaude et huilée du barbecue, cuire les escalopes de 2 à 3 minutes de chaque côté, jusqu'à ce que l'intérieur de la chair ait perdu sa teinte rosée.

5. Déposer une tranche de brie sur chacune des escalopes et saupoudrer de thym. Laisser fondre le fromage et servir.

Poitrines de poulet barbecue

Préparation : **15 minutes** • Cuisson : **15 minutes** • Quantité : **4 portions**

4 tranches de bacon
....
4 poitrines de poulet
....

POUR LA MARINADE :

160 ml (⅔ de tasse)
d'huile olive
....
50 ml (environ
3 ½ c. à soupe)
de vinaigre de vin
....
30 ml (2 c. à soupe) de
sauce chili ou de ketchup
....

15 ml (1 c. à soupe)
de jus de citron
....
15 ml (1 c. à soupe)
de cassonade (facultatif)
....
10 ml (2 c. à thé) d'origan
frais haché
....
5 ml (1 c. à thé) de sel
d'ail en poudre
....

1. Enrouler les tranches de bacon autour
des poitrines de poulet.

2. Dans un bol, mélanger les ingrédients de
la marinade. Ajouter les poitrines de poulet
dans le bol et remuer pour bien les enrober.

3. Préchauffer l'un des brûleurs du barbecue
à puissance moyenne-élevée.

4. Sur la grille chaude et huilée du barbecue,
déposer les escalopes du côté du brûleur
éteint et fermer le couvercle (pour un goût
boisé, déposer les poitrines sur une planche
d'érable qui aura préalablement trempé
au moins 30 minutes dans l'eau). Cuire
15 minutes, jusqu'à ce que l'intérieur de
la chair ait perdu sa teinte rosée. Servir
avec une salade.

De la mer au gril

On n'y pense pas toujours…
Et pourtant, les poissons et les
fruits de mer gagnent eux aussi
en saveur lorsqu'ils se laissent
dorer sur le gril. Saumon, sole,
aiglefin, mahi-mahi, pétoncles
et crevettes promettent
de faire voguer les papilles
vers de succulents horizons.

Saumon glacé à l'érable

Préparation : 10 minutes • Cuisson : 6 minutes • Quantité : 4 portions

4 filets de saumon de 150 g
(⅓ de lb) chacun, sans peau
....

POUR LA SAUCE À L'ÉRABLE :

60 ml (¼ de tasse)
de sirop d'érable
....
60 ml (¼ de tasse) de ketchup
....
30 ml (2 c. à soupe) de moutarde
de Dijon
....
Sel et poivre au goût
....

1. Préchauffer le barbecue à puissance moyenne-élevée.

2. Dans un bol, fouetter ensemble les ingrédients de la sauce à l'érable.

3. Badigeonner généreusement les deux côtés des filets de saumon de sauce.

4. Sur la grille chaude et huilée du barbecue, déposer les filets de saumon et fermer le couvercle. Faire griller de 3 à 4 minutes.

5. Badigeonner à nouveau les filets avec le reste de la sauce. Retourner les filets et cuire 3 minutes, jusqu'à ce que le saumon se défasse facilement à la fourchette.

J'aime avec...

Asperges grillées

Badigeonner 24 asperges en utilisant environ 30 ml (2 c. à soupe) d'huile d'olive. Piquer les asperges sur deux brochettes de bambou en plaçant une brochette près de la base et une autre à la mi-hauteur de la tige. Insérer la pointe de la brochette au centre de la tige en procédant délicatement afin que l'asperge ne se fende pas.

Galettes de sole aux épices

Préparation : **15 minutes** • Cuisson : **8 minutes** • Quantité : **4 portions**

500 g (environ 1 lb)
de filets de sole
......
125 ml (½ tasse)
de chapelure nature
......
60 ml (¼ de tasse)
de menthe fraîche hachée
......
10 ml (2 c. à thé) d'épices
à poisson
......
1 œuf
......
5 ml (1 c. à thé) d'ail haché
......
Sel et poivre au goût
......
60 ml (¼ de tasse)
de concombre râpé
......
125 ml (½ tasse)
de yogourt grec nature
......

1. Préchauffer le barbecue à puissance moyenne-élevée.

2. Dans le contenant du robot culinaire, hacher les filets de sole avec la chapelure, la moitié de la menthe, les épices, l'œuf et l'ail. Saler et poivrer.

3. Façonner quatre galettes avec la préparation.

4. Sur la grille chaude et huilée du barbecue, cuire les galettes de 4 à 5 minutes de chaque côté.

5. Dans un bol, mélanger le concombre avec le yogourt et le reste de la menthe. Saler et poivrer. Servir avec les galettes.

J'aime parce que...
Ça fait changement

Façonner des galettes avec de la sole, ça fait changement ! Cuites sur le barbecue, elles sont croustillantes à l'extérieur et tendres à l'intérieur. Avec une sauce de type tzatziki, c'est délicieux ! En plus, c'est rapide à préparer et peu calorique (211 calories par galette).

Saumon à la gremolata citron-orange

Préparation : 15 minutes • Cuisson : 8 minutes • Quantité : 4 portions

80 ml (⅓ de tasse) de jus d'orange

45 ml (3 c. à soupe) d'huile d'olive

10 ml (2 c. à thé) de graines de fenouil

Sel et poivre au goût

4 filets de saumon d'environ 2,5 cm (1 po) d'épaisseur

45 ml (3 c. à soupe) de persil frais haché

15 ml (1 c. à soupe) de zestes de citron

15 ml (1 c. à soupe) de zestes d'orange

5 ml (1 c. à thé) d'ail haché

1. Préchauffer le barbecue à puissance moyenne-élevée.

2. Dans un plat creux, mélanger le jus d'orange avec 15 ml (1 c. à soupe) d'huile et les graines de fenouil. Saler et poivrer.

3. Ajouter les filets de saumon dans le plat et réserver au frais.

4. Dans un bol, mélanger le persil avec les zestes, le reste de l'huile et l'ail. Réserver.

5. Sur la grille chaude et huilée du barbecue, déposer les filets de saumon côté peau dessous. Cuire de 4 à 5 minutes de chaque côté.

6. Au moment de servir, répartir la gremolata sur chacune des portions.

J'aime avec...

Courgettes ail et citron

Fouetter 30 ml (2 c. à soupe) de jus de citron avec 45 ml (3 c. à soupe) d'huile d'olive, 10 ml (2 c. à thé) d'ail haché et 15 ml (1 c. à soupe) de thym frais haché. Couper 4 courgettes en quatre sur la longueur et déposer dans la marinade. Couvrir et réfrigérer 30 minutes. Préchauffer le barbecue à puissance moyenne-élevée. Sur la grille chaude et huilée du barbecue, cuire les courgettes de 2 à 3 minutes de chaque côté.

Papillotes d'aiglefin aux pamplemousses roses et érable

Préparation : **15 minutes** • Cuisson : **15 minutes** • Quantité : **4 portions**

2 pamplemousses roses

1 fenouil

60 ml (¼ de tasse) de sirop d'érable

15 ml (1 c. à soupe) d'huile de sésame (non grillé)

15 ml (1 c. à soupe) de gingembre haché

Sel et poivre au goût

4 filets d'aiglefin de 180 g (environ ⅓ de lb) chacun

2 oignons verts émincés

1. Préchauffer le barbecue à puissance moyenne-élevée.

2. Prélever les suprêmes des pamplemousses en suivant les indications présentées dans l'encadré ci-dessous.

3. Parer le fenouil en retirant les tiges et le feuillage. Émincer finement le bulbe.

4. Dans un bol, mélanger le fenouil avec les suprêmes de pamplemousses, le jus des agrumes, le sirop d'érable, l'huile de sésame, le gingembre et l'assaisonnement.

5. Déposer une feuille de papier parchemin sur une feuille de papier d'aluminium. Répéter avec trois autres feuilles de papier d'aluminium et trois autres feuilles de papier parchemin. Répartir le mélange de fenouil et pamplemousses sur une moitié de chacune des feuilles. Déposer les filets de poisson sur le mélange. Garnir d'oignons verts. Replier les feuilles de manière à former des papillotes étanches.

6. Sur la grille chaude du barbecue, déposer les papillotes et fermer le couvercle. Cuire de 15 à 20 minutes, jusqu'à ce que les papillotes soient gonflées.

C'est facile !

Prélever les suprêmes d'agrumes

Savourer des quartiers de pamplemousse ou d'orange sans la membrane, c'est le bonheur suprême ! Voici comment procéder pour les préparer.

1. À l'aide d'un couteau bien aiguisé, couper les extrémités du fruit. Trancher l'écorce en longeant la chair de façon à retirer complètement la partie blanche. Pour obtenir des suprêmes bien uniformes, couper en suivant la courbe du fruit.

2. Prélever les suprêmes en coupant de chaque côté des membranes. Pour récupérer le maximum de jus, procéder au-dessus d'un bol.

3. Toujours au-dessus du bol, presser les membranes entre les mains pour en récupérer le jus.

Saumon et pétoncles au barbecue

Préparation : **15 minutes** • Cuisson : **12 minutes** • Quantité : **4 portions**

45 ml (3 c. à soupe) d'aneth frais haché

½ oignon rouge haché

10 ml (2 c. à thé) d'assaisonnements pour poisson

60 ml (¼ de tasse) d'huile d'olive

5 ml (1 c. à thé) d'ail haché

4 filets de saumon sans peau

4 ou 5 pétoncles moyens (calibre 20/30), coupés en trois sur l'épaisseur

15 ml (1 c. à soupe) de zestes de citron

1. Préchauffer le barbecue à puissance moyenne-élevée.

2. Dans un bol, mélanger l'aneth avec l'oignon, les assaisonnements pour poisson, l'huile et l'ail. Couvrir les filets de saumon avec cette préparation.

3. Déposer les filets dans un plateau d'aluminium beurré. Couvrir les filets de pétoncles et parsemer de zestes de citron.

4. Sur la grille chaude du barbecue, déposer le plateau et fermer le couvercle. Cuire de 12 à 15 minutes.

J'aime avec...

Brochettes de choux de Bruxelles au paprika fumé

Couper 10 choux de Bruxelles en deux. Mélanger avec 2,5 ml (½ c. à thé) de paprika fumé et 10 ml (2 c. à thé) de zestes de citron. Saler et poivrer. Piquer les choux de Bruxelles sur quatre brochettes de bambou. Cuire de 10 à 12 minutes sur le barbecue à puissance moyenne-élevée. Retourner les brochettes quelques fois en cours de cuisson.

Brochettes de fruits de mer à l'indienne

Préparation : **15 minutes** • Marinage : **30 minutes**
Cuisson : **4 minutes** • Quantité : **4 portions**

12 crevettes moyennes
(calibre 31/40), crues
et décortiquées
....
12 pétoncles moyens
(calibre 20/30)
....

POUR LA MARINADE :

1 boîte de lait de coco de 400 ml
....
15 ml (1 c. à soupe) de cari
....
15 ml (1 c. à soupe) de gingembre
haché
....
10 ml (2 c. à thé) d'ail haché
....
5 ml (1 c. à thé) de paprika
....
Sel et poivre au goût
....

1. Dans un bol, fouetter ensemble les ingrédients de la marinade.

2. Verser le quart de la marinade dans un sac hermétique. Ajouter les fruits de mer et laisser mariner pour un minimum de 30 minutes au réfrigérateur. Couvrir et réserver le reste de la marinade au frais.

3. Au moment de la cuisson, préchauffer le barbecue à puissance moyenne.

4. Verser la marinade réservée dans une casserole et porter à ébullition. Laisser mijoter de 2 à 3 minutes à feu moyen. Maintenir à feu doux.

5. Égoutter les fruits de mer. Piquer les crevettes et les pétoncles sur quatre brochettes en les faisant alterner.

6. Sur la grille chaude et huilée du barbecue, faire griller les brochettes 2 minutes de chaque côté. Servir avec la sauce.

J'aime avec...

Riz épicé aux noix de cajou

Hacher 1 oignon. Rincer sous l'eau froide 250 ml (1 tasse) de riz basmati. Dans une casserole, chauffer 15 ml (1 c. à soupe) d'huile de canola à feu moyen. Faire revenir l'oignon 2 minutes. Ajouter le riz égoutté, 60 ml ($\frac{1}{4}$ de tasse) de raisins secs et 60 ml ($\frac{1}{4}$ de tasse) de noix de cajou. Ajouter 500 ml (2 tasses) de bouillon de légumes, 1 pincée de cannelle, 2 clous de girofle et 10 ml (2 c. à thé) d'ail haché. Couvrir et cuire à feu doux 20 minutes.

Filets de saumon, sauce au fromage et fines herbes

Préparation : **10 minutes** • Cuisson : **8 minutes** • Quantité : **4 portions**

4 filets de saumon
de 150 g (⅓ de lb) chacun
....
15 ml (1 c. à soupe) d'huile d'olive
....
Sel et poivre au goût
....

POUR LA SAUCE :

250 ml (1 tasse) de fumet
de poisson
....
30 ml (2 c. à soupe) d'échalotes
sèches hachées
....
1 contenant de fromage crémeux
ail et fines herbes (de type
Boursin cuisine) de 245 g
....
15 ml (1 c. à soupe) de pastis
(facultatif)
....
15 ml (1 c. à soupe) de zestes
de citron
....

1. Préchauffer le barbecue à puissance moyenne-élevée.

2. Sur la grille chaude et huilée, déposer les filets de saumon, côté peau dessous. Badigeonner d'huile d'olive et assaisonner. Cuire de 4 à 5 minutes de chaque côté.

3. Pendant ce temps, préparer la sauce. Dans une casserole, porter à ébullition le fumet de poisson avec les échalotes. Laisser mijoter à feu doux 2 minutes.

4. Ajouter le fromage et, si désiré, le pastis dans la casserole. Porter de nouveau à ébullition en remuant. Laisser mijoter à découvert de 3 à 4 minutes à feu doux.

5. Incorporer les zestes de citron.

6. Au moment de servir, napper les filets de saumon de sauce.

J'aime parce que...
C'est simple, rapide et savoureux !

Lier une sauce avec un fromage aromatisé, quelle délicieuse idée pour cuisiner vite fait, bien fait ! Et d'ailleurs, pourquoi s'en priver, puisque les supermarchés regorgent d'une ribambelle de fromages crémeux, à pâte molle ou à pâte ferme bien assaisonnés : à l'ail et aux fines herbes, aux graines de cumin, à la fleur d'ail, aux cinq poivres, au basilic et à la tomate, aux légumes du jardin, au saumon fumé... Sans oublier les pâtes persillées ou encore les fromages cendrés à croûte fleurie qui savent relever une sauce illico presto !

Mahi-mahi au lait de coco et ananas

Préparation : **25 minutes** • Marinage : **30 minutes**
Cuisson : **8 minutes** • Quantité : **4 portions**

4 filets de mahi-mahi de
180 g (environ ⅓ de lb)
chacun
·······

POUR LA MARINADE :

125 ml (½ tasse)
de jus d'ananas
·······
45 ml (3 c. à soupe)
de lait de coco
·······
5 ml (1 c. à thé) de grains
de poivre de la Jamaïque
écrasés
·······
1 lime (jus)
·······

**POUR LES BROCHETTES
D'ACCOMPAGNEMENT :**

8 cœurs de palmier
coupés en deux
·······
16 maïs miniatures
·······
1 oignon rouge
coupé en cubes
·······
½ ananas coupé
en cubes
·······
15 ml (1 c. à soupe)
d'huile de canola
·······
Sel et poivre au goût
·······

1. Dans un plat creux, mélanger les ingrédients
de la marinade.

2. Déposer les filets de mahi-mahi dans le
plat. Couvrir de marinade et laisser mariner
30 minutes au frais.

3. Pendant ce temps, piquer les cœurs de
palmier, les maïs miniatures, les morceaux
d'oignon et les cubes d'ananas sur des brochettes, en les faisant alterner. Badigeonner
d'huile. Saler et poivrer. Réserver.

4. Préchauffer le barbecue à puissance
moyenne-élevée. Égoutter les filets de poisson.

5. Sur la grille chaude et huilée du barbecue, déposer les filets et les brochettes
d'accompagnement. Cuire de 4 à 5 minutes
de chaque côté, jusqu'à ce que la chair du
poisson se défasse facilement à la fourchette.
Servir avec une salsa.

Salade tiède aux crevettes

Préparation : **10 minutes** • Cuisson : **2 minutes** • Quantité : **4 portions**

80 ml (⅓ de tasse)
de vinaigrette aux
canneberges, miel
et sésame grillé
....
2 boîtes de tomates
(de type Bella)
de 250 g chacune
....

1 contenant de
bocconcinis cocktail
de 250 g
....
20 crevettes moyennes
(calibre 31/40),
crues et décortiquées
....
1 laitue Boston
....

1. Préchauffer le barbecue à puissance
moyenne-élevée.

2. Dans un bol, mélanger 60 ml (¼ de tasse)
de vinaigrette avec les tomates coupées en
quatre et les bocconcinis. Réserver au frais.

3. Dans un autre bol, mélanger le reste de
la vinaigrette avec les crevettes. Piquer les
crevettes sur des brochettes ou les déposer
dans un plateau d'aluminium.

4. Sur la grille chaude et huilée du barbecue,
faire griller les crevettes de 1 à 2 minutes
de chaque côté.

5. Répartir les feuilles de laitue dans les
assiettes. Garnir chacune des portions de
tomates, de bocconcinis et de crevettes.

Saumon en croûte de miel et sésame

Préparation : **12 minutes** • Cuisson : **6 minutes** • Quantité : **4 portions**

45 ml (3 c. à soupe)
de miel
....
15 ml (1 c. à soupe)
de moutarde de Dijon
....
125 ml (½ tasse) de
graines de sésame
....
3 gouttes de tabasco
....
15 ml (1 c. à soupe)
d'huile d'olive
....
Sel et poivre au goût
....
4 filets de saumon de
180 g (environ ⅓ de lb)
chacun, sans peau
....

1. Dans un bol, mélanger le miel avec
la moutarde, les graines de sésame et le
tabasco jusqu'à l'obtention d'une préparation
homogène.

2. Préchauffer le barbecue à puissance élevée.

3. Huiler, saler et poivrer les deux côtés
des filets de saumon.

4. Sur la grille chaude et huilée du barbecue,
cuire les filets de saumon de 2 à 3 minutes
de chaque côté.

5. Répartir la préparation au miel et sésame
sur les filets de saumon. Compléter la cuisson
du saumon environ 2 minutes, jusqu'à ce
que les graines de sésame dorent.

Brochettes de crevettes à l'ananas

Préparation : **15 minutes** • Marinage : **30 minutes**
Cuisson : **8 minutes** • Quantité : **4 portions**

1 ananas
....
1 lime (jus)
....
30 ml (2 c. à soupe)
d'huile d'olive
....
15 ml (1 c. à soupe)
de gingembre frais
....
Sel et poivre au goût
....
16 à 20 crevettes
moyennes (calibre 31/40),
crues et décortiquées
....

1. Parer l'ananas. Tailler la moitié de la chair en cubes.

2. Dans le contenant du mélangeur, déposer le reste de l'ananas, le jus de lime, l'huile d'olive, le gingembre, le sel et le poivre. Mélanger jusqu'à l'obtention d'une préparation homogène. Verser dans un grand plat creux.

3. Piquer les crevettes et les cubes d'ananas sur des brochettes en les faisant alterner. Déposer dans le plat contenant la marinade. Laisser mariner 30 minutes au frais.

4. Au moment de la cuisson, préchauffer le barbecue à puissance moyenne.

5. Sur la grille chaude et huilée du barbecue, faire griller les brochettes 4 minutes de chaque côté.

Gourmandes grillades

Une belle pièce de bœuf grillée

comme on l'aime, une côte

de veau tendre et juteuse,

un filet de porc parfumé d'une

marinade sèche, des brochettes

d'agneau façon souvlaki,

des saucisses de Toulouse

dorées à point... Miam !

Comme c'est bon !

Alors, dites « oui » à

ces alléchantes grillades !

Côtes levées, sauce barbecue à la bière

Préparation : **10 minutes** • Cuisson : **2 heures 10 minutes** • Quantité : **4 portions**

1,35 kg (3 lb) de côtes levées

Sel et poivre au goût

POUR LA SAUCE :

1 boîte de sauce tomate de 213 ml

180 ml (¾ de tasse) de sauce barbecue (de type marinade)

125 ml (½ tasse) de sauce chili

125 ml (½ tasse) de ketchup

125 ml (½ tasse) de bière blonde

60 ml (¼ de tasse) de mélasse

60 ml (¼ de tasse) de cassonade

60 ml (¼ de tasse) de vinaigre de vin blanc

10 ml (2 c. à thé) d'huile d'olive

5 ml (1 c. à thé) de moutarde de Dijon

5 ml (1 c. à thé) de sauce Worcestershire

5 ml (1 c. à thé) de fumée liquide

1 oignon haché

1 gousse d'ail hachée

Sel et poivre au goût

1. Déposer les côtes levées dans une grande casserole. Couvrir d'eau froide. Saler et poivrer. Porter à ébullition et cuire 2 heures à feu doux, jusqu'à ce que la viande soit tendre.

2. Dans un grand bol, mélanger les ingrédients de la sauce. Couvrir et réserver au frais.

3. Lorsque les côtes levées sont cuites, préchauffer le barbecue à puissance élevée. Égoutter et assécher les côtes levées à l'aide de papier absorbant. Badigeonner les côtes levées de sauce.

4. Sur la grille chaude et huilée du barbecue, faire griller les côtes levées de 1 à 2 minutes de chaque côté.

5. Réduire la puissance du barbecue à intensité moyenne et éteindre le brûleur du côté où se trouve la viande pour une cuisson indirecte. Cuire de 10 à 12 minutes, jusqu'à ce que la chair soit dorée et se détache facilement de l'os. En cours de cuisson, badigeonner régulièrement les côtes levées avec la sauce réservée et retourner la viande à quelques reprises.

J'aime parce que...
C'est aussi bon qu'au resto !

Des côtes levées, c'est toujours gagnant ! Pas besoin d'aller au resto, c'est simple et facile à préparer. Et grillées sur le barbecue, elles deviennent tout à fait irrésistibles ! Pour le choix de la viande, les côtes levées de flanc ou de dos conviennent bien à ce mode de cuisson. Et afin que les aromates de la marinade ou de la sauce pénètrent bien la chair, prenez soin de retirer la membrane qui recouvre les os avant le marinage ou la cuisson.

Une recette de Nicole Bérubé

Filets de bœuf à la dijonnaise

Préparation : **5 minutes** • Cuisson : **7 minutes** • Quantité : **4 portions**

45 ml (3 c. à soupe)
de chapelure nature
....
30 ml (2 c. à soupe) de persil
....
15 ml (1 c. à soupe) d'ail haché
....
4 filets de bœuf de 2,5 cm
(1 po) d'épaisseur et de 180 g
(environ ⅓ de lb) chacun
....
45 ml (3 c. à soupe)
de moutarde de Dijon
....

1. Préchauffer le barbecue à puissance moyenne-élevée.

2. Dans le contenant du robot culinaire, mélanger la chapelure avec le persil et l'ail jusqu'à l'obtention d'une préparation homogène.

3. Sur la grille chaude et huilée du barbecue, cuire les filets de 4 à 5 minutes.

4. Retourner les filets et les badigeonner de moutarde. Parsemer du mélange de chapelure et cuire 3 minutes.

Le saviez-vous ?

Comment savoir si votre bifteck est prêt à être servi ?

Le test du toucher : pressez le bifteck avec votre doigt. Si la chair est tendre et cède sous la pression, elle est saignante. À-point, elle résiste légèrement. Bien cuite, elle offre une consistance ferme.

Le thermomètre à viande : l'utilisation du thermomètre demeure la meilleure façon d'obtenir une cuisson parfaite. Insérez la tige du thermomètre dans la partie la plus charnue du bifteck, sans toucher d'os. Attendez de 30 à 40 secondes, le temps que la température se stabilise. La température doit atteindre 63 °C (145 °F) pour une cuisson saignante, 70 °C (160 °F) pour une cuisson à point et 77 °C (170 °F) pour une viande bien cuite.

Filet de porc au sel parfumé

Préparation : **15 minutes** • Marinage : **30 minutes**
Cuisson : **20 minutes** • Quantité : **4 portions**

1 filet de porc de 680 g (1 ½ lb)

POUR LA MARINADE SÈCHE :

45 ml (3 c. à soupe) de cassonade

30 ml (2 c. à soupe) de paprika

10 ml (2 c. à thé) de poudre d'ail

10 ml (2 c. à thé) de poudre d'oignons

5 ml (1 c. à thé) de fleur de sel

2,5 ml (½ c. à thé) de piment de Cayenne

1,25 ml (¼ de c. à thé) d'origan moulu

1. Dans un bol, mélanger les ingrédients de la marinade sèche.

2. Parer le filet de porc en retirant la membrane blanche. Frotter la chair du filet avec la marinade sèche. Laisser mariner 30 minutes au frais.

3. Au moment de la cuisson, préchauffer le barbecue à puissance moyenne-élevée.

4. Sur la grille chaude et huilée du barbecue, déposer le filet et fermer le couvercle. Cuire de 20 à 25 minutes, en retournant le filet à mi-cuisson, jusqu'à ce que la température interne de la viande atteigne 68 °C (155 °F) sur un thermomètre à cuisson.

5. Une fois la cuisson terminée, déposer la viande dans un plat et couvrir d'une feuille de papier d'aluminium, sans serrer. Laisser reposer de 8 à 10 minutes avant de trancher.

J'aime avec...

Tomates provençales sur le barbecue

Couper 4 tomates en deux et déposer sur un plateau d'aluminium. Mélanger 30 ml (2 c. à soupe) d'huile d'olive avec 5 ml (1 c. à thé) d'ail haché, 10 ml (2 c. à thé) de sucre, 15 ml (1 c. à soupe) de vinaigre de cidre et 30 ml (2 c. à soupe) de persil frais haché. Saler et poivrer. Verser sur les tomates. Cuire sur le barbecue à puissance moyenne-élevée 12 minutes, couvercle fermé.

Bavettes de bœuf à l'asiatique

Préparation : 25 minutes • Marinage : 2 heures
Cuisson : 6 minutes • Quantité : 4 portions

4 bavettes de bœuf de 180 g
(environ ⅓ de lb) chacune

POUR LA MARINADE :

125 ml (½ tasse) de jus de pomme

45 ml (3 c. à soupe) de sauce soya

30 ml (2 c. à soupe) de miel

15 ml (1 c. à soupe)
de vinaigre de riz

15 ml (1 c. à soupe)
de gingembre haché

5 ml (1 c. à thé) de pâte
de cari rouge

2 tiges de citronnelle émincées

2 oignons verts émincés

1 pomme râpée finement

1. Avec un couteau, inciser les deux côtés de la viande à environ 0,5 cm (¼ de po) de profondeur, dans le sens contraire des fibres.

2. Dans un bol, mélanger les ingrédients de la marinade.

3. Verser la marinade dans un sac hermétique. Ajouter les bavettes et laisser mariner 2 heures au frais.

4. Au moment de la cuisson, préchauffer le barbecue à puissance moyenne-élevée. Égoutter la viande.

5. Sur la grille chaude et huilée du barbecue, cuire de 3 à 4 minutes de chaque côté pour une cuisson saignante, en badigeonnant de marinade à mi-cuisson.

6. Déposer les bavettes dans une assiette. Couvrir d'une feuille de papier d'aluminium, sans serrer. Laisser reposer 5 minutes avant de servir.

J'aime avec...

Salade chinoise

Dans un saladier, fouetter 60 ml (¼ de tasse) d'huile d'arachide avec 15 ml (1 c. à soupe) de miel, 15 ml (1 c. à soupe) de sauce soya et 30 ml (2 c. à soupe) de jus de lime. Ajouter 15 ml (1 c. à soupe) de gingembre haché, 2 oignons verts émincés, 80 ml (⅓ de tasse) d'arachides, 20 pois mange-tout émincés, 750 ml (3 tasses) de chou chinois émincé, ½ poivron rouge émincé et 375 ml (1 ½ tasse) de nouilles chinoises frites. Bien remuer.

Brochettes d'agneau à la grecque

Préparation : **15 minutes** • Cuisson : **7 minutes** • Quantité : **4 portions**

10 ml (2 c. à thé) de cumin

10 ml (2 c. à thé) de paprika

10 ml (2 c. à thé) de curcuma

12 côtelettes d'agneau

12 feuilles de vigne farcies
en conserve ou en pot

30 ml (2 c. à soupe)
d'huile d'olive

1. Préchauffer le barbecue à puissance moyenne-élevée.

2. Dans un bol, mélanger le cumin avec le paprika et le curcuma. Saupoudrer les côtelettes d'agneau de ce mélange.

3. Sur des brochettes doubles, piquer les côtelettes et les feuilles de vigne farcies en les faisant alterner. À l'aide d'un pinceau, badigeonner les brochettes d'huile.

4. Sur la grille chaude et huilée du barbecue, cuire de 7 à 15 minutes selon la cuisson désirée.

J'aime avec...

Sauce tzatziki

Dans un bol, mélanger 250 ml (1 tasse) de yogourt nature avec 1 concombre épépiné, pelé et râpé, 30 ml (2 c. à soupe) de menthe fraîche hachée, 15 ml (1 c. à soupe) de jus de citron ainsi que 10 ml (2 c. à thé) d'ail haché.

Biftecks de faux-filet marinés au vinaigre balsamique et romarin

Préparation : **10 minutes** • Marinage : **1 heure**
Cuisson : **6 minutes** • Quantité : **4 portions**

4 biftecks de faux-filet de 180 g (environ ⅓ de lb) chacun et de 1,5 cm (⅔ de po) d'épaisseur
········

POUR LA MARINADE :

60 ml (¼ de tasse) de vinaigre balsamique
········
30 ml (2 c. à soupe) d'huile d'olive
········
10 ml (2 c. à thé) d'épices à bifteck
········
10 ml (2 c. à thé) de romarin frais haché
········
5 ml (1 c. à thé) d'ail haché
········

1. Dans un bol, fouetter les ingrédients de la marinade.

2. Verser dans un sac hermétique et ajouter les faux-filets. Laisser mariner au frais 1 heure, idéalement 3 heures.

3. Au moment de la cuisson, préchauffer le barbecue à puissance moyenne-élevée. Égoutter les biftecks et jeter la marinade.

4. Sur la grille chaude et huilée du barbecue, cuire la viande 3 minutes de chaque côté pour une cuisson saignante.

J'aime avec...

Légumes grillés au parmesan

Mélanger 60 ml (¼ de tasse) d'huile d'olive avec 10 ml (2 c. à thé) de thym frais haché, 5 ml (1 c. à thé) de romarin frais haché et 5 ml (1 c. à thé) d'ail haché. Ajouter 1 courgette, 1 oignon rouge et 2 pommes de terre coupés en rondelles épaisses, 10 poivrons doux miniatures ainsi que 6 carottes. Saler et poivrer. Cuire les pommes de terre et les carottes sur le barbecue 15 minutes à puissance élevée. Cuire les autres légumes 3 minutes de chaque côté. Au moment de servir, saupoudrer de 45 ml (3 c. à soupe) de parmesan.

Côtelettes de porc orange-gingembre

Préparation : **15 minutes** • Marinage : **2 heures**
Cuisson : **8 minutes** • Quantité : **4 portions**

4 côtelettes de porc de 2 cm
(¾ de po) d'épaisseur

POUR LA MARINADE :

125 ml (½ tasse) de jus d'orange

60 ml (¼ de tasse) de marmelade
gingembre et orange
(de type St. Dalfour)

15 ml (1 c. à soupe) de zestes
de citron

Sel et poivre au goût

1. Dans un bol, mélanger les ingrédients de la marinade.

2. Transférer la moitié de la marinade dans un sac hermétique et ajouter les côtelettes. Secouer et laisser mariner au frais de 2 à 3 heures. Réserver l'autre moitié de la marinade au frais (elle servira à badigeonner en cours de cuisson).

3. Au moment de la cuisson, préchauffer le barbecue à puissance moyenne-élevée. Égoutter les côtelettes et jeter la marinade.

4. Sur la grille chaude et huilée du barbecue, déposer les côtelettes et fermer le couvercle. Cuire de 4 à 5 minutes de chaque côté, en badigeonnant les côtelettes avec la marinade réservée.

J'aime avec...

Carottes à la harissa et pacanes

Couper 12 carottes de couleurs variées en quatre sur la longueur. Dans un saladier, mélanger 30 ml (2 c. à soupe) d'huile d'olive avec 15 ml (1 c. à soupe) de harissa, 2,5 ml (½ c. à thé) de graines de cumin et 15 ml (1 c. à soupe) de zestes de citron. Saler. Ajouter les carottes et 125 ml (½ tasse) de pacanes. Déposer sur une feuille de papier d'aluminium. Ajouter 2 cubes de glace et plier le papier de manière à former une papillote hermétique. Cuire sur le barbecue de 20 à 25 minutes à puissance moyenne-élevée.

Tournedos de bœuf grillés, sauce au poivron rouge

Préparation : **25 minutes** • Cuisson : **6 minutes** • Quantité : **4 portions**

1 poivron rouge

1 oignon

1 sachet de sauce demi-glace de 34 g

15 ml (1 c. à soupe) d'huile d'olive

10 ml (2 c. à thé) de thym frais haché

8 tournedos de bœuf de 90 g (environ 3 oz) chacun

15 ml (1 c. à soupe) d'épices à bifteck

1. Préchauffer le barbecue à puissance moyenne-élevée.

2. Couper le poivron en dés et hacher l'oignon.

3. Préparer la sauce demi-glace selon les indications de l'emballage.

4. Dans une poêle, chauffer l'huile à feu moyen. Faire dorer le poivron et l'oignon 2 minutes. Ajouter la sauce demi-glace et le thym. Laisser mijoter à feu doux-moyen 5 minutes.

5. Pendant ce temps, saupoudrer les tournedos d'épices à bifteck. Sur la grille chaude et huilée du barbecue, déposer les tournedos et cuire de 2 à 3 minutes de chaque côté pour une cuisson saignante. Servir avec la sauce.

Le saviez-vous ?

Un repos nécessaire

Une fois la cuisson terminée, laissez reposer les biftecks 5 minutes loin de la source de chaleur, recouverts d'une feuille de papier d'aluminium. Cela permet au jus de se répartir dans la chair et assure une tendreté maximale. Faites de même pour le filet de porc. Les poissons et le poulet, eux, peuvent être dégustés immédiatement.

Biftecks de côte, sauce au fromage bleu

Préparation : 15 minutes • Cuisson : 10 minutes • Quantité : 4 portions

125 ml (½ tasse) de crème
à cuisson 15 %
....
5 ml (1 c. à thé) de thym
frais haché
....
5 ml (1 c. à thé) de moutarde
à l'ancienne
....
125 g de fromage bleu émietté
....
Sel et poivre au goût
....
2 biftecks de côte ou biftecks
de faux-filet désossés et de
2,5 cm (1 po) d'épaisseur
....

1. Préchauffer le barbecue à puissance moyenne-élevée.

2. Dans une casserole, chauffer la crème avec le thym et la moutarde. Incorporer le fromage. Saler et poivrer. Remuer jusqu'à ce que le fromage fonde et laisser mijoter à feu doux de 2 à 3 minutes.

3. Pendant ce temps, cuire les biftecks de 5 à 6 minutes de chaque côté pour une cuisson saignante sur la grille chaude et huilée du barbecue. Servir avec la sauce.

J'aime avec...

Pommes de terre et crème sure cheddar-bacon

Envelopper 4 pommes de terre séparément dans des feuilles de papier d'aluminium. Cuire sur le barbecue à puissance moyenne-élevée de 40 à 50 minutes selon la grosseur des pommes de terre. Pendant ce temps, cuire 4 tranches de bacon dans une poêle jusqu'à ce qu'elles soient croustillantes. Égoutter sur du papier absorbant. Dans un bol, mélanger 125 ml (½ tasse) de crème sure avec 60 ml (¼ de tasse) de cheddar râpé, 1 oignon vert émincé et le bacon haché. Saler et poivrer. Au moment de servir, napper les pommes de terre de sauce.

Côtes de veau arrabbiata

Préparation : **15 minutes** • Marinage : **12 heures**
Cuisson : **10 minutes** • Quantité : **4 portions**

45 ml (3 c. à soupe)
d'oignon haché

45 ml (3 c. à soupe)
de vin blanc

30 ml (2 c. à soupe)
de pâte de tomates

30 ml (2 c. à soupe)
de purée de tomates

30 ml (2 c. à soupe)
d'huile d'olive

15 ml (1 c. à soupe)
d'ail haché

1 petit piment fort haché

1 feuille de laurier

4 côtes de veau de 225 g
(½ lb) chacune

Sel et poivre concassé
au goût

1. Dans un grand plat creux, mélanger tous les ingrédients, à l'exception des côtes de veau, du sel et du poivre.

2. Ajouter les côtes de veau et les couvrir de sauce. Laisser mariner de 12 à 24 heures au frais, en retournant les côtes de temps en temps.

3. Au moment de la cuisson, préchauffer le barbecue à puissance élevée. Égoutter et assaisonner les côtes de veau.

4. Sur la grille chaude et huilée du barbecue, faire griller les côtes de veau de 5 à 8 minutes de chaque côté.

Saucisse de Toulouse aux deux moutardes

Préparation : 12 minutes • Cuisson : 8 minutes • Quantité : 4 portions

250 ml (1 tasse) de
crème à cuisson 35 %
....
40 ml (environ 2 ½ c.
à soupe) de moutarde
de Dijon
....
40 ml (environ 2 ½ c.
à soupe) de moutarde
à l'ancienne
....
30 ml (2 c. à soupe)
de sauce Worcestershire
....
1 tige de thym
....
1 tige de romarin
....
Sel et poivre au goût
....
8 saucisses de Toulouse
....

1. Préchauffer le barbecue à puissance
moyenne-élevée.

2. Dans une casserole, porter à ébullition
la crème avec la moutarde de Dijon et la
moutarde à l'ancienne en remuant.

3. Ajouter la sauce Worcestershire, le thym,
le romarin, le sel, le poivre et les saucisses.
Porter de nouveau à ébullition puis retirer
immédiatement les saucisses.

4. Laisser mijoter la sauce à feu doux jusqu'à
l'obtention d'une consistance onctueuse.

5. Sur la grille chaude et huilée du barbecue,
déposer les saucisses et fermer le couvercle.
Cuire de 8 à 10 minutes. Servir avec la sauce.

Brochettes de bonheur

Un été sans brochettes ?
Impensable ! Simple comme
bonjour, ce mode de préparation
facilite tellement la cuisson sur
le barbecue… Le plus beau :
il offre une infinité de possibilités
et de conjugaisons d'ingrédients
comme le prouvent les recettes
tantôt salées, tantôt sucrées
de cette section.

Brochettes de bœuf au gingembre, sauce miel et lime

Préparation : **20 minutes** • Marinage : **8 heures**
Cuisson : **6 minutes** • Quantité : **4 portions**

720 g (environ 1 ⅔ lb) de cubes de bœuf à brochettes

1 poivron jaune coupé en cubes

1 oignon rouge coupé en cubes

POUR LA MARINADE :

60 ml (¼ de tasse) de sauce soya

30 ml (2 c. à soupe) de sauce aux huîtres

30 ml (2 c. à soupe) de gingembre haché

15 ml (1 c. à soupe) de vinaigre de riz

5 ml (1 c. à thé) d'ail haché

POUR LA SAUCE MIEL ET LIME :

125 ml (½ tasse) de yogourt grec nature

60 ml (¼ de tasse) de vinaigrette japonaise (de type Wafu)

30 ml (2 c. à soupe) de zestes de lime

15 ml (1 c. à soupe) de miel

5 ml (1 c. à thé) d'ail

1. Dans un bol, mélanger les ingrédients de la marinade.

2. Verser dans un sac hermétique. Ajouter les cubes de bœuf et laisser mariner au frais 8 heures, idéalement 12 heures.

3. Au moment de la cuisson, préchauffer le barbecue à puissance moyenne-élevée. Égoutter les cubes de bœuf et jeter la marinade.

4. Piquer les cubes de bœuf, de poivron et d'oignon sur des brochettes en les faisant alterner.

5. Sur la grille chaude et huilée du barbecue, cuire les brochettes de 3 à 5 minutes de chaque côté, pour une cuisson saignante.

6. Pendant ce temps, mélanger les ingrédients de la sauce miel et lime dans un bol. Servir avec les brochettes.

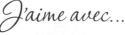

J'aime avec...

Riz basmati au citron et coriandre

Dans une casserole, faire fondre 15 ml (1 c. à soupe) de beurre à feu moyen. Cuire 1 oignon haché de 1 à 2 minutes. Ajouter 250 ml (1 tasse) de riz basmati rincé à l'eau froide et égoutté, 500 ml (2 tasses) de bouillon de poulet ainsi que 30 ml (2 c. à soupe) de zestes de citron. Couvrir et porter à ébullition. Cuire à feu doux de 15 à 18 minutes. Saler et incorporer 30 ml (2 c. à soupe) de feuilles de coriandre hachées.

Brochettes de saumon à la chinoise

Préparation : **15 minutes** • Marinage : **30 minutes**
Cuisson : **8 minutes** • Quantité : **4 portions**

755 g (1 ⅔ lb) de saumon coupé en cubes

80 ml (⅓ de tasse) de sauce teriyaki à marinade

15 ml (1 c. à soupe) d'huile de sésame (non grillé)

15 ml (1 c. à soupe) de gingembre haché

2,5 ml (½ c. à thé) de mélange chinois cinq épices

2 oignons rouges coupés en cubes

1. Dans un bol, mélanger tous les ingrédients. Faire mariner au frais 30 minutes.

2. Au moment de la cuisson, préchauffer le barbecue à puissance moyenne-élevée. Égoutter les cubes de saumon et jeter la marinade.

3. Piquer les cubes de saumon et d'oignons sur des brochettes en les faisant alterner.

4. Sur la grille chaude et huilée du barbecue, cuire les brochettes de 8 à 10 minutes, en les retournant de temps en temps.

J'aime avec...

Salade de courgettes à l'asiatique

Dans un saladier, mélanger 80 ml (⅓ de tasse) de vinaigrette japonaise (de type Wafu) avec 30 ml (2 c. à soupe) de ciboulette fraîche hachée, 15 ml (1 c. à soupe) de sauce soya et 10 ml (2 c. à thé) de miel. Ajouter 3 courgettes taillées en julienne. Saler, poivrer et remuer.

Brochettes de porc aigres-douces

Préparation : **25 minutes** • Marinage : **2 heures**
Cuisson : **10 minutes** • Quantité : **4 portions**

2 filets de porc
de 340 g (¾ de lb) chacun

½ ananas

½ poivron rouge

½ poivron vert

1 oignon

1 pot de sauce pour sauté
orange et gingembre de 355 ml

1. Parer les filets de porc en retirant le gras et la membrane blanche. Couper les filets en 16 cubes et l'ananas en 8 cubes d'environ 4 cm (1 ½ po) chacun. Couper chaque poivron en 6 carrés et l'oignon en 9 cubes.

2. Dans un bol, verser la moitié de la sauce pour sauté. Ajouter les cubes de porc, d'ananas, de poivrons et d'oignon. Remuer pour bien les enrober de sauce. Couvrir et laisser mariner de 2 à 24 heures au frais. Réserver le reste de la marinade au frais (elle servira de sauce d'accompagnement).

3. Au moment de la cuisson, préchauffer le barbecue à puissance moyenne-élevée. Égoutter les cubes et jeter la marinade.

4. Piquer les cubes de porc, de légumes et d'ananas sur les brochettes en les faisant alterner.

5. Sur la grille chaude et huilée du barbecue, cuire les brochettes de 10 à 12 minutes, en les retournant de temps en temps, jusqu'à ce que le thermomètre à cuisson indique 68 °C (155 °F) pour une cuisson rosée du porc. Si les cubes n'ont pas mariné, les badigeonner en cours de cuisson avec un peu de sauce réservée.

6. Dans une casserole, porter à ébullition la marinade réservée et laisser mijoter 2 minutes. Servir avec les brochettes.

Le saviez-vous ?

Faites d'une pierre deux coups

Lorsque vous préparez une marinade, doublez-en la quantité : une part servira à faire mariner les aliments et l'autre deviendra une sauce d'accompagnement, à servir chaude ou froide.

Brochettes de bœuf aux fines herbes, sauce à la gelée de pommes

Préparation : **25 minutes** • Marinage : **1 heure**
Cuisson : **6 minutes** • Quantité : **4 portions**

680 g (1 ½ lb) de cubes
de bœuf à brochettes

POUR LA MARINADE :

45 ml (3 c. à soupe) d'huile d'olive

30 ml (2 c. à soupe) de moutarde
à l'ancienne

15 ml (1 c. à soupe) de thym
frais haché

15 ml (1 c. à soupe) de sauge
fraîche hachée

10 ml (2 c. à thé) d'ail haché

POUR LA SAUCE
À LA GELÉE DE POMMES :

125 ml (½ tasse) de gelée
de pommes

15 ml (1 c. à soupe) de moutarde
à l'ancienne

1. Dans un bol, mélanger les ingrédients
de la marinade.

2. Verser dans un sac hermétique et ajouter
les cubes de bœuf. Remuer pour bien enrober
les cubes de marinade et laisser mariner
1 heure au frais.

3. Au moment de la cuisson, préchauffer le
barbecue à puissance moyenne-élevée. Égoutter la viande et jeter la marinade. Piquer les
cubes de bœuf sur des brochettes.

4. Sur la grille chaude et huilée du barbecue,
déposer les brochettes et fermer le couvercle.
Cuire de 3 à 4 minutes de chaque côté.

5. Pendant ce temps, chauffer la gelée de
pommes avec la moutarde à feu doux. Servir
avec les brochettes.

J'aime avec...

Salade fraîcheur

Dans un saladier, fouetter 60 ml ($\frac{1}{4}$ de tasse) d'huile
d'olive avec 15 ml (1 c. à soupe) de moutarde à l'ancienne,
15 ml (1 c. à soupe) de vinaigre de cidre et 30 ml (2 c.
à soupe) de parmesan râpé. Saler et poivrer. Ajouter
1 radicchio et 1 laitue Boston déchiquetés. Remuer.

Keftas d'agneau

Préparation : 30 minutes • Cuisson : 10 minutes • Quantité : 12 keftas

450 g (1 lb) d'agneau haché

60 ml (¼ de tasse) de dattes hachées

60 ml (¼ de tasse) de chapelure nature

45 ml (3 c. à soupe) de pistaches hachées

15 ml (1 c. à soupe) d'ail haché

5 ml (1 c. à thé) de cumin

5 ml (1 c. à thé) de coriandre moulue

½ oignon haché

1 citron (jus et zeste)

1 œuf

Sel et poivre au goût

30 ml (2 c. à soupe) d'huile d'olive

1. Faire tremper des brochettes de bambou dans l'eau pendant au moins 1 heure.

2. Dans un bol, mélanger tous les ingrédients, à l'exception de l'huile d'olive. Façonner la viande en 12 boulettes de forme ovale d'environ 7 cm (2 ¾ po) de longueur.

3. Préchauffer le barbecue à puissance moyenne-élevée.

4. Égoutter les brochettes de bambou et enfiler une boulette sur chacune d'elles. Badigeonner les brochettes d'huile d'olive.

5. Sur la grille chaude et huilée du barbecue, faire griller les brochettes 10 minutes, en les retournant à plusieurs reprises en cours de cuisson.

J'aime avec...

Trempette à la menthe

Dans un bol, mélanger 125 ml (½ tasse) de crème sure avec 45 ml (3 c. à soupe) de menthe fraîche hachée et 5 ml (1 c. à thé) d'ail haché. Saler, poivrer et remuer. Réserver au frais jusqu'au moment de servir.

Satays de porc

Préparation : **15 minutes** • Marinage : **1 heure**
Cuisson : **5 minutes** • Quantité : **4 portions**

250 ml (1 tasse) de yogourt nature

125 ml (½ tasse) de noix de cajou

30 ml (2 c. à soupe) d'huile d'arachide

15 ml (1 c. à soupe) de cari

5 ml (1 c. à thé) d'ail haché

1 lime (zeste)

720 g (environ 1 ½ lb) de porc coupé en lanières

1. Dans le contenant du robot culinaire, mélanger tous les ingrédients, à l'exception des lanières de porc. Transférer la moitié du mélange dans un contenant hermétique et réserver au frais (cette moitié servira pour la sauce d'accompagnement).

2. Verser le reste du mélange dans un sac hermétique. Ajouter les lanières de porc et faire mariner de 1 à 3 heures au frais.

3. Au moment de la cuisson, préchauffer le barbecue à puissance moyenne-élevée. Égoutter les lanières de porc en prenant soin de réserver la marinade. Piquer les lanières de porc sur des brochettes.

4. Sur la grille chaude et huilée du barbecue, cuire les brochettes de 5 à 6 minutes. Retourner et badigeonner les brochettes avec la marinade en cours de cuisson. Servir les brochettes avec la sauce réservée.

Le saviez-vous ?

Comment éviter que les brochettes ne calcinent ?

Pour éviter que les brochettes de bambou ne brûlent, faites-les tremper dans l'eau 1 heure avant de les utiliser. Si vous avez oublié l'étape du trempage, enveloppez l'extrémité des brochettes avec du papier d'aluminium. Vous éviterez ainsi qu'elles ne calcinent.

Brochettes de poulet à l'indienne

Préparation : **20 minutes** • Marinage : **30 minutes**
Cuisson : **12 minutes** • Quantité : **4 portions**

POUR LA MARINADE :

200 ml (environ ¾ de tasse) de lait de coco

60 ml (¼ de tasse) de yogourt nature

10 ml (2 c. à thé) de cari

5 ml (1 c. à thé) d'ail haché

2 oignons verts émincés

POUR LES BROCHETTES :

4 poitrines de poulet de 180 g (environ ⅓ de lb) chacune, sans peau et coupées en cubes

1 poivron rouge coupé en cubes

1 oignon rouge coupé en cubes

1. Dans un bol, fouetter les ingrédients de la marinade.

2. Transférer la moitié de la marinade dans un sac hermétique et ajouter les cubes de poulet. Laisser mariner de 30 à 60 minutes au frais. Réserver le reste de la marinade au frais (elle servira à badigeonner en cours de cuisson).

3. Au moment de la cuisson, préchauffer le barbecue à puissance moyenne-élevée. Égoutter le poulet et jeter la marinade.

4. Piquer les cubes de poulet, de poivron rouge et d'oignon rouge sur des brochettes en les faisant alterner.

5. Sur la grille chaude et huilée du barbecue, déposer les brochettes et fermer le couvercle. Cuire de 12 à 15 minutes, jusqu'à ce que l'intérieur de la chair ait perdu sa teinte rosée, en retournant et en badigeonnant les brochettes avec la marinade réservée en cours de cuisson.

J'aime avec...

Riz à la coriandre et citronnelle

Rincer 250 ml (1 tasse) de riz basmati sous l'eau froide. Déposer dans une casserole avec 375 ml (1 ½ tasse) de bouillon de poulet et 2 bâtons de citronnelle fendus en deux. Saler et poivrer. Porter à ébullition à feu moyen. Couvrir et laisser mijoter à feu doux 12 minutes, jusqu'à ce que le riz soit cuit. Retirer les bâtons de citronnelle. Incorporer 15 ml (1 c. à soupe) de beurre et 30 ml (2 c. à soupe) de coriandre fraîche hachée.

Brochettes tex-mex

Préparation : 8 minutes • Marinage : 1 heure
Cuisson : 6 minutes • Quantité : 4 portions

720 g (environ 1 ½ lb)
de cubes de bœuf
....
16 poivrons miniatures
....
1 oignon rouge
coupé en cubes
....
30 ml (2 c. à soupe)
d'huile d'olive
....
2 limes (jus)
....
1 orange (jus)
....
30 ml (2 c. à soupe)
d'épices à chili
....
1 pot de salsa au fromage
d'environ 400 ml
....

1. Dans un bol, mélanger les cubes de bœuf avec les poivrons miniatures, les cubes d'oignon, l'huile d'olive, le jus des agrumes et les épices à chili. Laisser mariner 1 heure au frais.

2. Au moment de la cuisson, préchauffer le barbecue à puissance moyenne-élevée. Égoutter la viande et les légumes. Jeter la marinade.

3. Piquer les cubes de viande, les poivrons miniatures et les cubes d'oignon sur des brochettes en les faisant alterner.

4. Sur la grille chaude et huilée du barbecue, cuire les brochettes de 3 à 5 minutes de chaque côté pour une cuisson saignante, en les retournant à plusieurs reprises en cours de cuisson.

5. Pendant ce temps, verser la salsa au fromage dans une casserole et chauffer de 2 à 3 minutes à feu doux. Servir avec les brochettes.

Brochettes de veau aux petits fruits

Préparation : **10 minutes** • Marinage : **1 heure**
Cuisson : **10 minutes** • Quantité : **4 portions**

250 ml (1 tasse)
de vinaigrette
aux framboises
du commerce
....
30 ml (2 c. à soupe) de
ciboulette fraîche hachée
....
60 ml (¼ de tasse)
de framboises fraîches
....
60 ml (¼ de tasse)
de bleuets
....
Sel et poivre au goût
....
680 g (1 ½ lb) de cubes
de veau
....
16 champignons blancs
....

1. Dans le contenant du mélangeur électrique, mélanger la vinaigrette avec la ciboulette, les framboises et les bleuets. Saler et poivrer.

2. Transférer la préparation dans un sac hermétique. Ajouter les cubes de veau et laisser mariner 1 heure au frais.

3. Égoutter la viande au-dessus d'une casserole afin de réserver la marinade. Piquer les cubes de viande sur des brochettes en les faisant alterner avec les champignons.

4. Préchauffer le barbecue à puissance moyenne-élevée.

5. Porter la marinade à ébullition. Laisser mijoter à feu moyen de 10 à 15 minutes.

6. Sur la grille chaude et huilée du barbecue, cuire les brochettes de 10 à 12 minutes. Servir avec la marinade.

Terre et mer sur brochettes

Préparation : 10 minutes • **Cuisson : 3 minutes** • **Quantité : 4 portions**

1 citron (jus)
....
30 ml (2 c. à soupe)
d'huile d'olive
....
15 ml (1 c. à soupe) de
ciboulette fraîche hachée
....
10 ml (2 c. à thé) de cari
....
12 crevettes moyennes
(calibre 31/40), crues
et décortiquées
....
250 g (environ ½ lb) de
bœuf coupé en lanières
....
Sel et poivre au goût
....

1. Préchauffer le barbecue à puissance
moyenne.

2. Dans un bol, mélanger le jus du citron
avec l'huile d'olive, la ciboulette et le cari.

3. Enrober les crevettes d'une lanière
de bœuf et les piquer sur des brochettes.
Saler et poivrer. Badigeonner les brochettes
de marinade.

4. Sur la grille chaude et huilée du barbecue,
cuire les brochettes de 3 à 4 minutes.

Fraises, pommes et guimauves sauce pralinée

Préparation : **8 minutes** • Cuisson : **4 minutes** • Quantité : **4 portions**

4 pommes
......
1 citron (jus)
......
16 fraises
......
16 guimauves
......

POUR LA SAUCE
PRALINÉE :

60 ml (¼ de tasse)
de crème à cuisson 35 %
......
200 ml (environ ¾ de
tasse) de tartinade
chocolat-noisettes
......
30 ml (2 c. à soupe)
de liqueur d'agrumes
(de type Grand Marnier)
......

1. Préchauffer le barbecue à puissance moyenne-élevée.

2. Peler et épépiner les pommes, puis les couper en cubes de format moyen. Déposer dans un bol avec le jus de citron. Remuer.

3. Piquer les pommes, les fraises et les guimauves sur des brochettes de bambou en les faisant alterner.

4. Sur la grille chaude et huilée du barbecue, cuire les brochettes de 2 à 3 minutes, en les retournant de temps en temps. Éviter de trop cuire.

5. Pendant ce temps, réchauffer la crème à feu moyen dans une casserole.

6. Incorporer la tartinade chocolat-noisettes et cuire à feu doux de 2 à 3 minutes.

7. Incorporer la liqueur d'agrumes.

8. Au moment de servir, napper les brochettes de sauce.

Si bons et si variés, les burgers !

Été après été, ce sont toujours

les mêmes burgers qui s'invitent

aux repas sur la terrasse ? Osez

les réinventer en puisant dans

le bel éventail d'idées inédites

et variées de cette section.

Vous y repérerez de quoi

renouveler votre répertoire

pour épater la galerie,

c'est promis !

Burgers aux mini-pains de viande à l'italienne

Préparation : **20 minutes** • Cuisson : **10 minutes** • Quantité : **4 portions**

250 ml (1 tasse) de cheddar râpé

4 pains ciabatta

POUR LES MINI-PAINS DE VIANDE :

450 g (1 lb) de bœuf ou de veau haché

125 ml (½ tasse) de flocons d'avoine

60 ml (¼ de tasse) de parmesan râpé

15 ml (1 c. à soupe) d'assaisonnements italiens

10 ml (2 c. à thé) d'ail haché

1 oignon haché

1 œuf battu

Sel et poivre au goût

POUR LA SAUCE :

45 ml (3 c. à soupe) de sauce tomate

45 ml (3 c. à soupe) de ketchup

15 ml (1 c. à soupe) de basilic frais émincé

1. Préchauffer le barbecue à puissance moyenne-élevée.

2. Dans un grand bol, mélanger les ingrédients des pains de viande. Façonner 4 galettes carrées d'environ 10 cm (4 po) ou de même format que les pains.

3. Sur la grille chaude et huilée du barbecue, déposer les galettes et fermer le couvercle. Cuire de 8 à 10 minutes.

4. Pendant ce temps, mélanger les ingrédients de la sauce.

5. Une fois la cuisson terminée, badigeonner les galettes de sauce et parsemer de fromage. Cuire de 2 à 3 minutes.

6. Diviser les pains en deux et faire griller 1 minute sur le barbecue.

7. Garnir chaque ciabatta d'un mini-pain de viande.

J'aime avec...

Mesclun à la pomme et au concombre

Dans un saladier, fouetter 60 ml (¼ de tasse) d'huile d'olive avec 15 ml (1 c. à soupe) de vinaigre de cidre. Ajouter 2 oignons verts émincés, 1 pomme verte coupée en dés et ½ concombre coupé en dés. Saler et poivrer. Ajouter 500 ml (2 tasses) de mesclun et remuer.

Burgers de poulet, sauce au cari

Préparation : **20 minutes** • Réfrigération : **30 minutes**
Cuisson : **10 minutes** • Quantité : **4 portions**

4 pains à hamburgers

POUR LES GALETTES :

450 g (1 lb) de poulet haché

60 ml (¼ de tasse)
de chapelure nature

30 ml (2 c. à soupe)
de coriandre fraîche hachée

15 ml (1 c. à soupe)
de moutarde de Dijon

10 ml (2 c. à thé) de cari

5 ml (1 c. à thé) d'ail haché

1 oignon vert haché

½ carotte râpée

½ branche de céleri hachée

Sel et poivre au goût

POUR LA SAUCE :

80 ml (⅓ de tasse) de mayonnaise

10 ml (2 c. à thé) de moutarde
de Dijon

5 ml (1 c. à thé) de cari

POUR LA GARNITURE :

4 feuilles de laitue romaine

1 poivron rouge émincé

1. Dans un bol, mélanger les ingrédients des galettes. Réserver au frais de 30 minutes à 1 heure.

2. Dans un autre bol, mélanger les ingrédients de la sauce. Réserver au frais.

3. Au moment de la cuisson, préchauffer le barbecue à puissance moyenne-élevée. Façonner 4 galettes d'environ 2 cm (¾ de po) d'épaisseur.

4. Sur la grille chaude et huilée du barbecue, cuire les galettes de 5 à 7 minutes de chaque côté, jusqu'à ce que l'intérieur de la chair ait perdu sa teinte rosée.

5. Diviser les pains en deux et faire griller 1 minute sur le barbecue.

6. Garnir chacun des pains de sauce, de laitue, de poivron rouge et d'une galette de viande.

Le saviez-vous ?

La cuisson du poulet haché

Il est primordial de bien cuire les galettes de poulet haché. Utilisez de préférence un thermomètre de cuisson : la température interne doit atteindre 80 °C (175 °F). Autres indices : les galettes sont cuites lorsque l'intérieur de la chair a perdu sa teinte rosée et que des gouttelettes blanches se forment à la surface.

Club burgers au fromage

Préparation : **25 minutes** • Réfrigération : **30 minutes**
Cuisson : **6 minutes** • Quantité : **4 portions**

4 pains à hamburgers

4 bases de pain à hamburgers

POUR LES GALETTES :

450 g (1 lb) de bœuf haché
mi-maigre

½ oignon haché

15 ml (1 c. à soupe) de moutarde
de Dijon

15 ml (1 c. à soupe) de sauce
Worcestershire

10 ml (2 c. à thé) d'ail haché

5 ml (1 c. à thé) de thym
frais haché

Sel et poivre au goût

POUR LA SAUCE :

60 ml (¼ de tasse) de mayonnaise

15 ml (1 c. à soupe)
de moutarde de Dijon

15 ml (1 c. à soupe) de miel

POUR LA GARNITURE :

8 tranches de bacon cuites

4 tranches de tomate

8 tranches de mozzarella

4 feuilles de laitue Boston

1. Dans un bol, mélanger les ingrédients
des galettes. Réserver au frais 30 minutes.

2. Dans un autre bol, mélanger les ingrédients de la sauce. Réserver au frais.

3. Au moment de la cuisson, préchauffer
le barbecue à puissance moyenne-élevée.
Façonner 8 galettes d'environ 1 cm (½ po)
d'épaisseur.

4. Sur la grille chaude et huilée du barbecue,
cuire les galettes de 3 à 4 minutes de chaque
côté, jusqu'à ce que l'intérieur de la chair
ait perdu sa teinte rosée.

5. Diviser les pains en deux et faire griller
1 minute sur le barbecue.

6. Sur quatre bases de pain, étaler la moitié
de la sauce. Garnir d'une galette de viande,
de deux tranches de bacon et d'une tranche
de tomate. Couvrir avec une autre base de
pain à hamburger. Étaler le reste de la sauce.
Ajouter une autre galette de viande, deux
tranches de mozzarella et une feuille de
laitue. Couvrir avec le dessus des pains.

J'aime avec...

Salade de chou épicée

Dans un grand bol, fouetter 80 ml
(⅓ de tasse) d'huile d'olive avec
30 ml (2 c. à soupe) de jus de lime, 30 ml
(2 c. à soupe) de miel, 15 ml (1 c. à soupe) de gingembre haché, 5 ml (1 c. à thé) de cari, du sel et du tabasco
au goût. Incorporer ¼ de chou vert et ¼ de chou rouge
finement émincés ainsi que 1 carotte râpée. Réfrigérer de
1 à 2 heures. Remuer de nouveau avant de servir.

Mini-burgers de crabe

Préparation : **20 minutes** • Réfrigération : **30 minutes**
Cuisson : **6 minutes** • Quantité : **12 mini-burgers**

12 mini-pains à burgers

POUR LES GALETTES :

250 g (environ ½ lb) de chair
de crabe, égouttée et hachée

45 ml (3 c. à soupe)
de chapelure nature

30 ml (2 c. à soupe) de ciboulette
fraîche hachée

15 ml (1 c. à soupe) de mayonnaise

5 ml (1 c. à thé) d'ail haché

1 œuf battu

½ branche de céleri hachée

Sel et poivre au goût

POUR LA SAUCE :

60 ml (¼ de tasse) de crème sure

15 ml (1 c. à soupe)
de zestes de lime

POUR LA GARNITURE :

1 concombre anglais
finement émincé

Quelques feuilles de mâche

1. Dans un bol, mélanger les ingrédients des galettes. Réserver au frais 30 minutes.

2. Dans un autre bol, préparer la sauce en mélangeant la crème sure avec les zestes de lime. Réserver au frais.

3. Au moment de la cuisson, préchauffer le barbecue à puissance moyenne-élevée. Façonner 12 galettes d'environ 1,5 cm (⅔ de po) d'épaisseur de format légèrement plus grand que les pains.

4. Sur la grille chaude et huilée du barbecue, cuire les galettes de 3 à 4 minutes de chaque côté.

5. Diviser les pains en deux et faire griller 1 minute sur le barbecue.

6. Garnir chacun des pains de sauce, de rondelles de concombre, d'une galette de crabe et de mâche.

J'aime avec...

Oignons frits

Couper 3 oignons en rondelles d'environ 0,5 cm (¼ de po) d'épaisseur. Déposer dans un bol et verser 125 ml (½ tasse) de lait. Laisser reposer 30 minutes au frais. Égoutter. Dans une grande casserole, chauffer 2 litres (8 tasses) d'huile de canola jusqu'à ce qu'elle atteigne 180 °C (350 °F) sur un thermomètre de cuisson. Dans une assiette creuse, mélanger 125 ml (½ tasse) de farine avec 15 ml (1 c. à soupe) de semoule de maïs. Dans une autre assiette, battre 2 œufs. Tremper quelques rondelles d'oignons dans les œufs battus. Égoutter et fariner. Déposer délicatement dans l'huile chaude et frire environ 2 minutes. Égoutter sur du papier absorbant.

Burgers d'agneau à la grecque

Préparation : **30 minutes** • Réfrigération : **30 minutes**
Cuisson : **10 minutes** • Quantité : **4 portions**

4 pains ciabatta

POUR LES GALETTES :

450 g (1 lb) d'agneau haché

80 ml (⅓ de tasse) de feta émiettée

30 ml (2 c. à soupe)
d'origan frais haché

10 ml (2 c. à thé) d'ail haché

½ oignon haché

1 œuf battu

Sel et poivre au goût

POUR LA SAUCE CRÉMEUSE :

80 ml (⅓ de tasse) de yogourt
grec nature

30 ml (2 c. à soupe) de menthe
fraîche hachée

5 ml (1 c. à thé) d'ail haché

Sel au goût

POUR LA SALSA DE LÉGUMES :

15 ml (1 c. à soupe) d'huile d'olive

8 olives noires coupées en dés

1 tomate épépinée
et coupée en dés

½ oignon rouge coupé en dés

¼ de concombre coupé en dés

Sel et poivre au goût

1. Dans un grand bol, mélanger les ingrédients des galettes. Réserver au frais 30 minutes.

2. Dans un autre bol, préparer la sauce crémeuse en mélangeant les ingrédients. Réserver au frais.

3. Dans un autre récipient, mélanger tous les ingrédients de la salsa et réserver au frais.

4. Au moment de la cuisson, préchauffer le barbecue à puissance moyenne-élevée. Façonner 4 galettes d'environ 2 cm (¾ de po) d'épaisseur.

5. Sur la grille chaude et huilée du barbecue, cuire les galettes de 5 à 7 minutes de chaque côté, jusqu'à ce que l'intérieur de la chair ait perdu sa teinte rosée.

6. Diviser les pains en deux et faire griller 1 minute sur le barbecue.

7. Garnir chacun des pains de sauce crémeuse, d'une galette de viande et de salsa de légumes.

J'aime parce que...

On essaie de nouveaux pains !

Au-delà du traditionnel « pain à hamburger », il y a tout un univers. Brisez la routine en mordant dans différents délices de la miche. Une tournée au supermarché vous fera découvrir des pains qui ajouteront style et saveur à vos burgers : pains plats, kaisers (aux graines de pavot, aux oignons, etc.), pain berbère, bagels, ciabattas, mini-pitas…

Burgers thaï au porc

Préparation : **30 minutes** • Réfrigération : **30 minutes**
Cuisson : **10 minutes** • Quantité : **4 portions**

4 pains à burgers au sésame

POUR LES GALETTES :

450 g (1 lb) de porc haché
mi-maigre

60 ml (¼ de tasse) d'arachides
rôties hachées

30 ml (2 c. à soupe)
de coriandre fraîche hachée

30 ml (2 c. à soupe) de
sauce douce aux piments
(de type Thaï Kitchen)

15 ml (1 c. à soupe)
de gingembre haché

15 ml (1 c. à soupe) de jus de lime

15 ml (1 c. à soupe)
de zestes de lime

10 ml (2 c. à thé) d'ail haché

2 oignons verts émincés

POUR LA SAUCE THAÏ :

80 ml (⅓ de tasse) de mayonnaise

30 ml (2 c. à soupe) de
sauce douce aux piments
(de type Thaï Kitchen)

1. Dans un grand bol, mélanger les ingrédients des galettes. Réserver au frais
30 minutes.

2. Dans un autre bol, préparer la sauce thaï
en mélangeant la mayonnaise avec la sauce
aux piments. Réserver au frais.

3. Au moment de la cuisson, préchauffer
le barbecue à puissance moyenne-élevée.
Façonner 4 galettes d'environ 2 cm (¾ de po)
d'épaisseur.

4. Sur la grille chaude et huilée du barbecue,
cuire les galettes de 5 à 7 minutes de chaque
côté, jusqu'à ce que l'intérieur de la chair ait
perdu sa teinte rosée.

5. Diviser les pains en deux et faire griller
1 minute sur le barbecue.

6. Garnir chacun des pains de sauce et d'une
galette de viande.

J'aime avec...

Salsa de mangue et coriandre

Dans un bol, mélanger 15 ml (1 c. à soupe)
d'huile de sésame non grillé avec 15 ml (1 c.
à soupe) de jus de lime et 30 ml (2 c. à soupe)
de coriandre fraîche hachée. Ajouter ½ mangue
coupée en dés, ½ oignon rouge haché finement
et ½ poivron rouge coupé en dés. Remuer et
réserver au frais jusqu'au moment de servir.

Burgers aux champignons sautés et brie

Préparation : **25 minutes** • Réfrigération : **20 minutes**
Cuisson : **10 minutes** • Quantité : **4 portions**

4 pains kaiser aux graines
de sésame
....

POUR LES GALETTES :

450 g (1 lb) de bœuf haché
mi-maigre
....

80 ml (⅓ de tasse) de chapelure
nature
....

30 ml (2 c. à soupe) de lait
....

5 ml (1 c. à thé) de poudre d'ail
....

1 œuf battu
....

Sel et poivre au goût
....

POUR LA GARNITURE :

½ oignon rouge
....

10 champignons
....

200 g de brie
....

15 ml (1 c. à soupe) d'huile d'olive
....

5 ml (1 c. à thé) d'ail haché
....

30 ml (2 c. à soupe)
de persil frais haché
....

Sel et poivre au goût
....

1. Dans un bol, mélanger les ingrédients des galettes. Réserver au frais de 20 à 30 minutes.

2. Pendant ce temps, préparer la garniture. Émincer l'oignon rouge et les champignons. Couper le fromage en 8 tranches et réserver au frais.

3. Dans une poêle, chauffer l'huile à feu moyen. Cuire l'oignon et les champignons de 2 à 3 minutes, jusqu'à ce qu'ils soient dorés. Ajouter l'ail, le persil et assaisonner. Retirer du feu. Couvrir et réserver.

4. Préchauffer le barbecue à puissance moyenne-élevée. Façonner 4 galettes d'environ 2 cm (¾ de po) d'épaisseur.

5. Sur la grille chaude et huilée du barbecue, cuire les galettes de 5 à 7 minutes de chaque côté, jusqu'à ce que l'intérieur de la chair ait perdu sa teinte rosée.

6. Diviser les pains en deux et faire griller 1 minute sur le barbecue.

7. Garnir les pains d'une galette de viande, d'une tranche de brie et de champignons sautés.

J'aime parce que...

C'est bon un cheeseburger !

Il y a la classique tranche de cheddar jaune, mais il y a aussi d'autres délicieux fromages qui méritent un essai dans vos burgers ! Par exemple, le goût de noisette, de champignon et de beurre du brie se marie à merveille aux poivrons rouges caramélisés ainsi qu'à la viande d'agneau. La douce saveur des bocconcinis accompagne à ravir le prosciutto, les poivrons grillés et les tomates fraîches. Quant au chèvre, c'est l'allié parfait du bacon, du pesto aux tomates séchées et des noix de pin grillées. Le goût des oignons caramélisés, de la moutarde et du jambon est rehaussé par le gruyère, alors que le provolone escorte bien champignons sautés et pesto d'olives.

Cheeseburgers de porc Cordon bleu

Préparation : **30 minutes** • Réfrigération : **30 minutes**
Cuisson : **10 minutes** • Quantité : **4 portions**

4 pains à burgers

POUR LES GALETTES :

450 g (1 lb) de porc haché
mi-maigre
....
5 ml (1 c. à thé) de romarin
frais haché
....
5 ml (1 c. à thé) de thym
frais haché
....
1 œuf battu
....
Sel et poivre au goût
....

POUR LA SAUCE CRÉMEUSE :

80 ml (⅓ de tasse) de crème sure
....
30 ml (2 c. à soupe) de ciboulette
fraîche hachée
....
15 ml (1 c. à soupe) de moutarde
à l'ancienne
....

POUR LA GARNITURE :

4 feuilles de laitue frisée
....
4 tranches de jambon
....
4 tranches de mozzarella
....

1. Dans un bol, mélanger les ingrédients des galettes. Réserver au frais 30 minutes.

2. Dans un autre bol, mélanger les ingrédients de la sauce crémeuse. Réserver au frais.

3. Au moment de la cuisson, préchauffer le barbecue à puissance moyenne-élevée. Façonner 4 galettes d'environ 2 cm (¾ de po) d'épaisseur.

4. Sur la grille chaude et huilée du barbecue, cuire les galettes de 5 à 7 minutes de chaque côté, jusqu'à ce que l'intérieur de la chair ait perdu sa teinte rosée.

5. Diviser les pains en deux et faire griller 1 minute sur le barbecue.

6. Garnir chacun des pains de sauce crémeuse, de laitue, d'une tranche de jambon, d'une tranche de mozzarella et d'une galette de viande.

J'aime avec...

Confit d'oignons pomme et érable

Dans une casserole, chauffer 180 ml (¾ de tasse) de sirop d'érable de 2 à 3 minutes à feu moyen, jusqu'à ce qu'il bouillonne et épaississe légèrement. Ajouter 1 pomme coupée en petits dés, 3 gros oignons rouges émincés et 15 ml (1 c. à soupe) de jus de citron. Saler et poivrer. Porter à ébullition et laisser mijoter à feu doux-moyen de 15 à 20 minutes, jusqu'à ce que les dés de pomme soient tendres. Laisser tiédir puis réserver au frais dans un contenant hermétique jusqu'au moment de servir.

Burgers de dindon, sauce mayo-pesto

Préparation : 15 minutes • Cuisson : 16 minutes • Quantité : 4 portions

500 g (environ 1 lb)
de dindon haché

15 ml (1 c. à soupe)
de moutarde de Dijon

60 ml (¼ de tasse)
de tomates séchées
émincées

15 ml (1 c. à soupe) de
ciboulette fraîche hachée

Sel et poivre au goût

60 ml (¼ de tasse)
de mayonnaise

15 ml (1 c. à soupe)
de pesto

4 pains ciabatta

4 tranches de gruyère

4 feuilles de laitue
frisée verte

1. Préchauffer le barbecue à puissance moyenne-élevée.

2. Dans un bol, mélanger le dindon haché avec la moutarde, les tomates séchées et la ciboulette. Façonner 4 galettes avec la préparation. Saler et poivrer.

3. Sur la grille chaude et huilée du barbecue, cuire les galettes de 8 à 10 minutes de chaque côté, jusqu'à ce que l'intérieur des galettes ait perdu sa teinte rosée.

4. Dans un autre bol, mélanger la mayonnaise avec le pesto. Diviser les pains en deux et tartiner de ce mélange.

5. Garnir chacun des pains d'une galette, d'une tranche de gruyère et d'une feuille de laitue.

Burgers de saumon, goberge et fines herbes

Préparation : 20 minutes • Cuisson : 15 minutes • Quantité : 4 portions

4 pains à hamburgers
de style italien
....
Garnitures au choix :
tomates, laitue,
oignon rouge
....

**POUR LA SAUCE
ANETH ET PARMESAN :**

125 ml (½ tasse)
de crème sure
....
45 ml (3 c. à soupe)
de parmesan râpé
....
45 ml (3 c. à soupe)
d'aneth frais haché
....
10 ml (2 c. à thé)
d'ail haché
....
10 ml (2 c. à thé)
de jus de citron
....

POUR LES GALETTES :

225 g (½ lb) de saumon
sans peau coupé en cubes
....
225 g (½ lb) de goberge
....
60 ml (¼ de tasse)
de chapelure nature
....
30 ml (2 c. à soupe)
d'aneth frais haché
....
30 ml (2 c. à soupe)
de persil frais haché
....
15 ml (1 c. à soupe)
de zestes de citron
....
10 ml (2 c. à thé)
d'ail haché
....
1 œuf
....
2 oignons verts
....
Sel et poivre au goût
....

1. Préchauffer le barbecue à puissance moyenne-élevée.

2. Dans un bol, mélanger les ingrédients de la sauce.

3. Dans le contenant du robot culinaire, déposer les ingrédients des galettes. Mélanger jusqu'à l'obtention d'une préparation grossièrement hachée. Façonner 4 galettes de la grosseur des pains et d'environ 2,5 cm (1 po) d'épaisseur.

4. Sur la grille chaude et huilée du barbecue, cuire les galettes 15 minutes en les retournant fréquemment.

5. Diviser les pains en deux et faire griller 2 minutes sur le barbecue.

6. Badigeonner les pains de sauce. Déposer les galettes sur les pains et ajouter les garnitures de votre choix.

Burgers de truite saumonée, sauce crémeuse ail et aneth

Préparation : 25 minutes • **Réfrigération : 30 minutes**
Cuisson : 10 minutes • **Quantité : 4 portions**

4 pains à hamburgers
multigrains
....
Quelques feuilles
de laitue
....

POUR LES GALETTES :

450 g (1 lb) de truite
saumonée sans peau
....
60 ml (¼ de tasse)
de chapelure nature
....
45 ml (3 c. à soupe) de
ciboulette fraîche hachée
....
15 ml (1 c. à soupe) de
moutarde à l'ancienne
....

15 ml (1 c. à soupe)
de zestes d'orange
....
1 œuf battu
....
Sel et poivre au goût
....

POUR LA SAUCE :

45 ml (3 c. à soupe)
de mayonnaise
....
45 ml (3 c. à soupe)
de crème sure
....
45 ml (3 c. à soupe)
d'aneth frais haché
....
10 ml (2 c. à thé)
d'ail haché
....

1. Couper la truite en cubes et déposer dans le contenant du robot culinaire. Mélanger jusqu'à l'obtention d'une préparation grossièrement hachée.

2. Dans un grand bol, mélanger les ingrédients des galettes. Réserver au frais 30 minutes.

3. Dans un autre bol, préparer la sauce en mélangeant les ingrédients. Réserver au frais.

4. Au moment de la cuisson, préchauffer le barbecue à puissance moyenne-élevée. Façonner 4 galettes d'environ 2 cm (¾ de po) d'épaisseur.

5. Sur la grille chaude et huilée du barbecue, cuire les galettes de 5 à 6 minutes de chaque côté.

6. Diviser les pains en deux et faire griller 1 minute sur le barbecue.

7. Garnir chacun des pains de sauce, d'une galette de truite et de laitue.

Burgers de bœuf
à la saucisse piquante

Préparation : 20 minutes • Réfrigération : 30 minutes
Cuisson : 10 minutes • Quantité : 4 portions

4 pains à hamburgers

POUR LES GALETTES :

3 saucisses italiennes
piquantes

225 g (½ lb) de bœuf
haché mi-maigre

125 ml (½ tasse)
de flocons d'avoine

1 oignon haché

Sel et poivre au goût

POUR LA SAUCE :

60 ml (¼ de tasse)
de mayonnaise

30 ml (2 c. à soupe)
de ketchup

15 ml (1 c. à soupe)
de sirop d'érable

POUR LA GARNITURE :

8 feuilles de laitue
frisée verte

4 tranches de tomate

1. Retirer la membrane des saucisses et déposer la chair dans un bol. Incorporer le reste des ingrédients des galettes. Réserver au frais 30 minutes.

2. Dans un autre bol, mélanger les ingrédients de la sauce. Réserver au frais.

3. Au moment de la cuisson, préchauffer le barbecue à puissance moyenne-élevée. Façonner 4 galettes d'environ 2 cm (¾ de po) d'épaisseur.

4. Sur la grille chaude et huilée du barbecue, cuire les galettes de 5 à 7 minutes de chaque côté, jusqu'à ce que l'intérieur de la chair ait perdu sa teinte rosée.

5. Diviser les pains en deux et faire griller 1 minute sur le barbecue.

6. Garnir les pains de sauce, de laitue, d'une galette de viande et d'une tranche de tomate.

Savoureux légumes

Qu'est-ce qui escorte à merveille grillades et brochettes? Un beau plateau de légumes passés sous la chaleur du gril, bien sûr! Outre de nouvelles idées pour jazzer la saveur de la classique pomme de terre, découvrez une panoplie d'autres légumes qui méritent un essai sur le barbecue.

Pommes de terre tandoori et ail grillé

Préparation : **10 minutes** • Cuisson : **20 minutes** • Quantité : **4 portions**

755 g (1 ⅔ lb) de pommes
de terre grelots
....
60 ml (¼ de tasse)
d'huile d'olive
....
2 citrons (zeste)
....
15 ml (1 c. à soupe)
de thym frais haché
....
15 ml (1 c. à soupe)
de romarin frais haché
....
15 ml (1 c. à soupe)
de poudre de tandoori
....
10 gousses d'ail
non épluchées
....
2 oignons émincés
....
Sel et poivre au goût
....

1. Préchauffer le barbecue à puissance moyenne-élevée.

2. Couper les pommes de terre en deux. Déposer dans une casserole et couvrir d'eau froide. Porter à ébullition. Retirer du feu et égoutter.

3. Dans un grand bol, fouetter l'huile avec le zeste des citrons, le thym, le romarin et le tandoori. Ajouter les pommes de terre, les gousses d'ail, les oignons et l'assaisonnement. Remuer afin que les légumes soient bien enrobés d'huile. Déposer dans un plateau d'aluminium.

4. Sur la grille chaude du barbecue, déposer le plateau et fermer le couvercle. Cuire de 20 à 30 minutes en retournant les pommes de terre à quelques reprises en cours de cuisson, jusqu'à ce qu'elles soient bien tendres.

Le saviez-vous ?

Qu'est-ce que la poudre de tandoori ?

La poudre de tandoori est principalement composée de cumin, de coriandre, de clous de girofle, de curcuma, de cannelle et de poivre. Ce mélange d'épices classique de la cuisine indienne a la particularité de teinter les aliments d'un rose très foncé. On trouve la poudre de tandoori au supermarché en version douce ou forte.

Plateau de légumes

Préparation : **20 minutes** • Cuisson : **25 minutes** • Quantité : **de 4 à 6 portions**

8 carottes

8 panais

8 courgettes

3 maïs

2 oignons rouges coupés
en rondelles

30 ml (2 c. à soupe) d'huile d'olive

10 ml (2 c. à thé)
de thym frais haché

5 ml (1 c. à thé)
de romarin frais haché

1 feuille de laurier

Sel et poivre du moulin au goût

1. Préchauffer le barbecue à puissance moyenne.

2. Peler les carottes et les panais puis les couper en quatre sur la longueur. Tailler les courgettes en fines tranches et les maïs en rondelles de 2,5 cm (1 po).

3. Déposer les légumes dans un grand bol. Ajouter les oignons, l'huile, les fines herbes et l'assaisonnement. Remuer puis transférer dans un plateau d'aluminium.

4. Sur la grille chaude du barbecue, déposer le plateau et fermer le couvercle. Cuire de 25 à 30 minutes, en retournant les légumes à mi-cuisson. Si nécessaire, couvrir le plateau d'une feuille de papier d'aluminium en cours de cuisson.

Le saviez-vous ?

Si pratiques, les paniers perforés

Il existe maintenant une panoplie d'accessoires conçus pour la cuisson sur le barbecue. Par exemple, les plaques et les paniers perforés empêchent les cubes de viande, légumes, fruits de mer et autres aliments de petite taille de tomber entre les grilles. Et il n'y a rien de mieux pour préserver la saveur des aliments lors de la cuisson !

Légumes-racines piri-piri

Préparation : 15 minutes • Marinage : 1 heure
Cuisson : 20 minutes • Quantité : de 4 à 6 portions

8 carottes

8 panais

1 tige de thym

1 tige de romarin

POUR LA SAUCE PIRI-PIRI :

60 ml (¼ de tasse) d'huile d'olive

15 ml (1 c. à soupe)
de vinaigre de vin rouge

15 ml (1 c. à soupe) d'ail haché

10 ml (2 c. à thé) de paprika

5 ml (1 c. à thé) de piment fort
haché ou de piment de Cayenne

2 poivrons rouges taillés en cubes

2 citrons (zeste)

1 poivron vert

Sel au goût

1. Dans le contenant du mélangeur, déposer tous les ingrédients de la sauce piri-piri. Réduire en purée jusqu'à l'obtention d'une consistance homogène.

2. Couper les carottes et les panais en deux sur la longueur.

3. Verser la moitié de la sauce dans un sac en plastique hermétique. Ajouter le thym, le romarin, les carottes et les panais. Laisser mariner 1 heure au frais. Réserver le reste de la sauce au frais.

4. Au moment de la cuisson, préchauffer le barbecue à puissance élevée.

5. Répartir les légumes côte à côte sur une grande feuille de papier d'aluminium. Replier la feuille de manière à former une papillote hermétique.

6. Sur la grille chaude du barbecue, déposer la papillote et fermer le couvercle. Cuire de 20 à 30 minutes, jusqu'à ce que la papillote soit gonflée. Servir les légumes avec le reste de la sauce.

Le saviez-vous ?

Réussir la cuisson en papillote

La cuisson en papillote emprisonne les saveurs et préserve la tendreté des aliments. Ce mode de cuisson à la vapeur est idéal pour apprêter les légumes, le poisson et les fruits de mer sur le barbecue. Comment savoir si la papillote est prête sans avoir à la défaire ? En observant ! Pendant la cuisson, la vapeur s'emmagasine dans la papillote. Quand elle est bien gonflée, c'est signe que les aliments sont cuits. Autres conseils : utilisez du papier d'aluminium résistant et évitez de retourner la papillote pendant la cuisson pour ne pas la percer.

Pelures de pommes de terre

Préparation : **20 minutes** • Cuisson : **15 minutes** • Quantité : **4 portions**

6 grosses pommes de terre
pour la cuisson au four
(Idaho, Russet, Yukon Gold...)
....
30 ml (2 c. à soupe) d'huile d'olive
....
10 ml (2 c. à thé) d'ail haché
....
15 ml (1 c. à soupe)
de thym frais haché
....
15 ml (1 c. à soupe)
de persil frais haché
....
Poivre concassé au goût
....
Fleur de sel au goût
....

1. Préchauffer le barbecue à puissance moyenne-élevée.

2. Préparer les pommes de terre en suivant les indications présentées ci-dessous.

3. Sur la grille chaude et huilée du barbecue, déposer les pommes de terre, côté chair dessous. Cuire de 15 à 20 minutes à basse puissance.

4. Saupoudrer les pommes de terre de sel. Servir avec de la crème sure, du ketchup ou un mélange des deux.

C'est facile !

Tailler des pelures de pommes de terre

1. Tailler grossièrement des tranches de pommes de terre, en prenant soin de conserver la pelure. Rincer les pommes de terre sous l'eau froide. Déposer dans une casserole et couvrir d'eau froide. Porter à ébullition. Retirer du feu et égoutter.

2. Dans un bol, mélanger l'huile avec l'ail, le thym, le persil et le poivre. Ajouter les pelures et remuer.

Brochettes de légumes lime et ail

Préparation : **20 minutes** • Marinage : **30 minutes**
Cuisson : **8 minutes** • Quantité : **4 portions**

2 courgettes

1 poivron rouge

1 poivron jaune

2 oignons rouges

12 champignons shiitake

12 olives vertes farcies
aux amandes

POUR LA MARINADE :

60 ml (¼ de tasse)
d'huile d'olive

30 ml (2 c. à soupe)
de miel

15 ml (1 c. à soupe)
de ciboulette
fraîche hachée

10 ml (2 c. à thé)
d'ail haché

5 ml (1 c. à thé)
de thym frais haché

2 limes (jus)

Sel et poivre au goût

1. Couper les courgettes, les poivrons
et les oignons en cubes. Retirer les pieds
des shiitakes.

2. Dans un bol, fouetter les ingrédients de
la marinade. Ajouter les légumes et les olives
farcies. Laisser mariner 30 minutes au frais.

3. Pendant ce temps, faire tremper des brochettes de bambou dans l'eau.

4. Au moment de la cuisson, préchauffer
le barbecue à puissance moyenne-élevée.

5. Égoutter les légumes et les olives en prenant soin de réserver la marinade. Piquer
les légumes sur les brochettes en les faisant
alterner avec les olives.

6. Sur la grille chaude et huilée du barbecue,
cuire les brochettes de 4 à 5 minutes de
chaque côté, en les badigeonnant de marinade
à mi-cuisson.

Pommes de terre grelots à la moutarde

Préparation : **15 minutes** • Cuisson : **25 minutes** • Quantité : **4 portions**

20 pommes de terre grelots

30 ml (2 c. à soupe)
de moutarde à l'ancienne

30 ml (2 c. à soupe) de persil
frais haché

10 ml (1 c. à thé)
d'ail haché

60 ml (¼ de tasse)
d'huile d'olive

Sel et poivre au goût

1. Préchauffer le barbecue à puissance moyenne-élevée.

2. Couper les pommes de terre grelots en deux.

3. Dans un bol, mélanger la moutarde avec le persil, l'ail, l'huile et l'assaisonnement. Ajouter les pommes de terre dans le bol et remuer.

4. Piquer les pommes de terre sur des brochettes.

5. Sur la grille chaude et huilée du barbecue, déposer les brochettes et fermer le couvercle. Cuire 25 minutes, en retournant les brochettes de temps en temps.

Pommes de terre bacon et cajun

Préparation : **15 minutes** • Cuisson : **30 minutes** • Quantité : **4 portions**

4 grosses pommes de terre
....
15 ml (1 c. à soupe)
d'épices cajun
....
Sel et poivre au goût
....
12 tranches de bacon
....

1. Préchauffer le barbecue à puissance moyenne.

2. Couper chacune des pommes de terre en quatre tranches égales sur la longueur.

3. Saupoudrer d'épices cajun, de sel et de poivre.

4. Piquer les tranches de pommes de terre et les tranches de bacon pliées en deux sur des brochettes en les intercalant (il est préférable de cuire plusieurs pommes de terre sur la même brochette).

5. Sur la grille chaude et huilée du barbecue, cuire les brochettes 30 minutes, jusqu'à ce que les pommes de terre soient tendres et le bacon cuit.

Pommes de terre farcies tex-mex

Préparation : **20 minutes** • Cuisson : **25 minutes** • Quantité : **4 portions**

4 grosses pommes de terre
pour la cuisson au four (Idaho,
Russet, Yukon Gold...)
....

POUR LA FARCE :

125 ml (½ tasse) de maïs en grains
....
125 ml (½ tasse) de fromage
Monterey Jack râpé
....
60 ml (¼ de tasse) de crème sure
....
30 ml (2 c. à soupe) de ciboulette
fraîche hachée
....
2 à 3 pincées de chipotle
....
1 oignon haché
....
½ poivron rouge coupé en dés
....
½ poivron vert coupé en dés
....

1. Dans une casserole, déposer les pommes de terre et couvrir d'eau froide. Porter à ébullition puis cuire à feu moyen de 15 à 20 minutes, en prenant soin de conserver les pommes de terre légèrement croquantes. Égoutter et laisser tiédir.

2. Pendant ce temps, mélanger dans un bol les ingrédients de la farce.

3. Préchauffer le barbecue à puissance moyenne-élevée.

4. Couper les pommes de terre en deux sur la longueur et retirer la chair afin de créer une cavité, en prenant soin de ne pas trop creuser et de conserver un pourtour d'environ 0,5 cm ($\frac{1}{4}$ de po). Prélever une mince tranche sous chaque moitié de pomme de terre afin qu'elles puissent tenir à plat une fois garnies.

5. Dans le bol contenant la farce, ajouter la chair récupérée des pommes de terre et mélanger. Farcir les pommes de terre avec la préparation.

6. Sur la grille chaude et huilée du barbecue, déposer les pommes de terre et fermer le couvercle. Cuire 5 minutes.

7. Transférer les pommes de terre sur la grille supérieure du barbecue. Fermer le couvercle et prolonger la cuisson de 5 minutes.

Pizzas, sandwichs et Cie

Quand la variété s'inscrit

au menu, c'est du plaisir garanti.

Pour voir l'été autrement, explorez

quelques avenues gustatives

empreintes de créativité qui font

changement. C'est ainsi le temps

d'expérimenter les pizzas, les

hot dogs et les sandwichs sous

toutes leurs coutures !

Paninis au steak mariné

Préparation : **20 minutes** • Marinage : **30 minutes**
Cuisson : **4 minutes** • Quantité : **4 portions**

4 biftecks de surlonge de 180 g
(environ ⅓ de lb) chacun
....
4 paninis
....

POUR LA MARINADE :

80 ml (⅓ de tasse) de jus d'orange
....
30 ml (2 c. à soupe) de jus de lime
....
15 ml (1 c. à soupe)
de persil frais haché
....
10 ml (2 c. à thé) d'ail haché
....
5 ml (1 c. à thé) de cumin
....
5 ml (1 c. à thé)
d'assaisonnements à chili
....

POUR LA SAUCE :

80 ml (⅓ de tasse) de mayonnaise
....
30 ml (2 c. à soupe) de moutarde
à l'ancienne
....
6 petits cornichons hachés
....

POUR LA GARNITURE :

2 tomates coupées en dés
....
375 ml (1 ½ tasse) de roquette
....
8 tranches de fromage
Monterey Jack
....

1. Dans un bol, mélanger les ingrédients
de la marinade.

2. Transférer dans un sac hermétique.
Ajouter les biftecks et laisser mariner
30 minutes au frais.

3. Dans un autre bol, fouetter les ingrédients
de la sauce.

4. Au moment de la cuisson, préchauffer
le barbecue à puissance élevée. Égoutter
les biftecks et jeter la marinade.

5. Sur la grille chaude et huilée du barbecue, cuire les biftecks de 2 à 3 minutes de
chaque côté.

6. Couper les paninis en deux sur l'épaisseur.
Sur la grille supérieure du barbecue, griller
1 minute.

7. Tartiner les paninis avec la sauce. Émincer
les biftecks.

8. Garnir chaque panini de bœuf, de tomates,
de roquette et de fromage.

J'aime avec...

Chips de pomme de terre tex-mex

Couper 4 pommes de terre en fines tranches sur la longueur.
Dans un bol, mélanger 30 ml (2 c. à soupe) d'huile d'olive
avec 15 ml (1 c. à soupe) d'épices tex-mex. Ajouter les pommes
de terre et remuer. Déposer les tranches de pommes de terre
sur une plaque à pizza ou sur une grande feuille de papier
d'aluminium. Cuire sur le barbecue de 6 à 8 minutes de
chaque côté à basse température. Saupoudrer de fleur de sel.

Hot dogs merguez et mayo épicée

Préparation : 15 minutes • Cuisson : 10 minutes • Quantité : 4 portions

8 merguez

4 petits pains baguette

2 tomates coupées en rondelles

1 contenant de pousses
(pois mange-tout, luzerne,
oignons…) de 100 g

POUR LA MAYONNAISE ÉPICÉE :

125 ml (½ tasse)
de mayonnaise

15 ml (1 c. à soupe)
de persil frais haché

10 ml (2 c. à thé) de harissa

5 ml (1 c. à thé) de cumin

½ oignon rouge haché

1. Préchauffer le barbecue à puissance moyenne.

2. Sur la grille chaude et huilée du barbecue, cuire les merguez de 10 à 15 minutes en les retournant régulièrement en cours de cuisson.

3. Trancher les pains sur la longueur et les faire griller sur la grille supérieure du barbecue.

4. Dans un bol, mélanger les ingrédients de la mayonnaise épicée.

5. Garnir chacun des pains de tomates, de pousses et de deux merguez puis napper de mayonnaise épicée.

Le saviez-vous ?

Pour changer de la mayo

Pour garnir vos burgers et sandwichs gourmands, laissez le pot de mayo au frigo ! Pour faire souffler un vent de changement, tournez-vous vers les trempettes (houmous aux poivrons ou à l'ail rôti, trempettes aux artichauts ou aux épinards, tzatziki…), vers les pestos que l'on peut étaler sur le pain ou mélanger à de la mayonnaise (le classique au basilic ou les «nouveau genre» aux tomates séchées, à la coriandre ou aux poivrons grillés) ou encore vers les garnitures au petit goût sucré (salsa, chutney aux mangues, confit d'oignons, tapenade de tomates séchées…).

Pizza au chèvre et légumes

Préparation : **30 minutes** • Temps de repos : **1 heure**
Cuisson : **7 minutes** • Quantité : **2 pizzas de 32 cm x 22 cm (13 po x 9 po)**

POUR LA PÂTE :

1 sachet de levure sèche
active de 8 g
. . . .
5 ml (1 c. à thé) de sucre
. . . .
310 ml (1 ¼ tasse) d'eau
chaude à 38 °C (100 °F)
. . . .
5 ml (1 c. à thé) de sel
. . . .
875 ml (3 ½ tasses) de farine
. . . .
10 ml (2 c. à thé) de thym
frais haché
. . . .
45 ml (3 c. à soupe)
d'huile d'olive
. . . .

POUR LA GARNITURE :

1 poivron rouge émincé
. . . .
1 poivron jaune émincé
. . . .
1 oignon rouge émincé
. . . .
3 tomates émincées
. . . .
1 fromage de chèvre
(de type bûchette
Les trois Princes)
de 150 g tranché
. . . .
Quelques feuilles de basilic
. . . .

1. Dans un bol, dissoudre la levure et le sucre dans l'eau chaude. Laisser reposer 5 minutes.

2. Déposer le sel, la farine et le thym dans le contenant du robot culinaire. Donner quelques impulsions, puis ajouter l'eau contenant la levure graduellement. Mélanger jusqu'à ce que la pâte se détache facilement des parois du bol.

3. Sur une surface farinée, pétrir la pâte de 2 à 3 minutes. Former une boule et déposer dans un grand bol huilé. Couvrir d'une pellicule plastique et laisser lever dans un endroit chaud de 1 à 2 heures.

4. Diviser la pâte en deux et abaisser avec les mains pour former deux rectangles de 32 cm x 22 cm (13 po x 9 po). La pâte doit être assez épaisse, car sinon elle pourrait brûler sur le barbecue. Badigeonner d'huile d'olive les deux côtés des pâtes.

5. Au moment de la cuisson, préchauffer le barbecue à puissance moyenne-élevée. Préparer les ingrédients de la garniture.

6. Sur la grille chaude du barbecue, déposer les pâtes et cuire de 3 à 4 minutes. Retourner et cuire 1 minute.

7. Répartir les légumes et le fromage de chèvre sur les pâtes. Fermer le couvercle du barbecue et cuire de 3 à 5 minutes.

8. Au moment de servir, parsemer les pizzas de feuilles de basilic.

Le saviez-vous ?

Une pâte express

Vous n'avez pas le temps ou le courage de cuisiner votre pâte ? Procurez-vous deux boules de pâte à pizza d'environ 350 g chacune au supermarché. Sur une surface farinée, abaissez chaque boule en un rectangle de 32 cm x 22 cm (13 po x 9 po). Puis poursuivez la recette à partir de l'étape n° 5.

Pizzas aux saucisses italiennes sur pain naan

Préparation : **15 minutes** • Cuisson : **30 minutes** • Quantité : **4 portions**

4 saucisses italiennes
douces ou piquantes
....
2 tomates
....
1 oignon
....
4 pains naan
....
250 ml (1 tasse) de sauce à pizza
....
250 ml (1 tasse) de champignons
émincés
....
30 ml (2 c. à soupe) de basilic
frais haché
....
5 ml (1 c. à thé) de thym frais haché
....
250 ml (1 tasse) de mozzarella
râpée
....

1. Préchauffer le barbecue à puissance élevée.

2. Sur la grille chaude et huilée du barbecue, déposer les saucisses et fermer le couvercle. Cuire de 20 à 25 minutes à feu doux, en retournant les saucisses deux ou trois fois en cours de cuisson. Retirer de la grille et laisser tiédir.

3. Émincer les tomates, l'oignon et les saucisses cuites.

4. Déposer les pains sur une feuille de papier d'aluminium. Garnir les pains de sauce, de saucisses et de légumes. Parsemer de basilic et de thym. Couvrir de fromage.

5. Déposer sur la grille du barbecue et fermer le couvercle. Cuire 10 minutes.

J'aime avec...

Soupe froide aux légumes

Dans le contenant du mélangeur, déposer 375 ml (1 ½ tasse) de jus de légumes, le jus de 1 citron, ½ concombre pelé et épépiné, 1 branche de céleri émincée, 1 poivron rouge émincé, 45 ml (3 c. à soupe) d'huile d'olive, 30 ml (2 c. à soupe) de persil frais haché, 30 ml (2 c. à soupe) de ciboulette fraîche hachée ainsi que 15 ml (1 c. à soupe) de pesto aux tomates séchées. Saler et poivrer. Mélanger jusqu'à l'obtention d'une consistance onctueuse.

Hot dogs mexicains au bœuf

Préparation : **15 minutes** • Cuisson : **10 minutes** • Quantité : **10 tacos**

500 g (environ 1 lb)
de bœuf haché maigre
....

1 sachet d'assaisonnements
à tacos
....

1 oignon haché
....

5 ml (1 c. à thé) d'ail haché
....

15 ml (1 c. à soupe)
de persil frais haché
....

1 avocat
....

1 tomate coupée en petits dés
....

½ citron (jus)
....

125 ml (½ tasse) de crème sure
....

10 coquilles à tacos
....

4 feuilles de laitue romaine
déchiquetées
....

250 ml (1 tasse)
de cheddar jaune râpé
....

Salsa au goût
....

1. Préchauffer le barbecue à puissance moyenne.

2. Dans un bol, mélanger le bœuf avec les assaisonnements à tacos, l'oignon, l'ail et le persil. Avec le mélange, façonner dix saucisses de la longueur des tacos.

3. Sur la grille chaude et huilée du barbecue, cuire les saucisses de 10 à 15 minutes.

4. Couper l'avocat en dés. Déposer dans un bol et mélanger avec les dés de tomate, le jus de citron et la crème sure.

5. Garnir chacune des coquilles d'une saucisse, du mélange d'avocat, de laitue et de fromage. Servir avec la salsa.

J'aime parce que...

Ça fait différent des hot dogs traditionnels !

À mi-chemin entre le hot dog que l'on connaît et le classique hamburger de bœuf, cette variante de hot dog aux accents mexicains enflammera l'assiette estivale d'un p'tit souffle de fiesta. Dans cette recette, les coquilles à tacos servent d'enveloppes affriolantes dans lesquelles se glissent les saucisses de bœuf haché. La garniture à base d'avocat, de tomate, de laitue et de fromage colore le tout pour mieux appâter les papilles. Faciles à réaliser et ultra craquantes, ces tortillas feront la joie des petits comme celle des grands.

Focaccias au poulet et à la salsa

Préparation : **25 minutes** • Marinage : **30 minutes**
Cuisson : **15 minutes** • Quantité : **4 portions**

4 poitrines de poulet
sans peau

4 focaccias

1 boîte de pousses de
chou rouge ou au choix
de 100 g

POUR LA MARINADE :

125 ml (½ tasse) de jus
d'orange surgelé non dilué

60 ml (¼ de tasse)
d'huile d'olive

45 ml (3 c. à soupe)
de lait de coco

10 ml (2 c. à thé) de
gingembre haché

10 ml (2 c. à thé) de
ciboulette fraîche hachée

5 ml (1 c. à thé) d'ail haché

5 ml (1 c. à thé) de cari

5 ml (1 c. à thé) de curcuma

½ citron (jus et zeste)

Sel et poivre au goût

POUR LA SALSA :

1 tomate

¼ d'ananas

1 mangue

1 oignon rouge

30 ml (2 c. à soupe)
d'huile d'olive

15 ml (1 c. à soupe) de
coriandre fraîche hachée

15 ml (1 c. à soupe)
de noix de coco
non sucrée râpée

Sel et poivre au goût

1. Dans un bol, fouetter ensemble les ingrédients de la marinade.

2. Verser la marinade dans un sac hermétique. Ajouter le poulet dans la marinade et laisser mariner 30 minutes au frais.

3. Au moment de la cuisson, préchauffer le barbecue à puissance moyenne.

4. Tailler la tomate, l'ananas, la mangue et l'oignon en petits cubes. Déposer dans un bol avec l'huile, la coriandre et la noix de coco. Assaisonner.

5. Sur la grille chaude et huilée du barbecue, cuire le poulet de 15 à 20 minutes, jusqu'à ce que l'intérieur de la chair ait perdu sa teinte rosée, en le badigeonnant de marinade en cours de cuisson.

6. Émincer les poitrines de poulet.

7. Faire griller légèrement les pains sur la grille supérieure du barbecue.

8. Garnir les pains de pousses de chou rouge, de lanières de poulet et de salsa.

Ciabattas aux saucisses à l'italienne

Préparation : **25 minutes** • Cuisson : **8 minutes** • Quantité : **4 portions**

4 saucisses aux tomates
et basilic
....
2 petites courgettes
émincées
....
1 oignon émincé
....
4 pains ciabatta
....
45 ml (3 c. à soupe)
de beurre à l'ail ramolli
....
8 tranches de provolone
....

1. Préchauffer le barbecue à puissance moyenne-élevée.

2. Sur la grille chaude et huilée, cuire les saucisses de 8 à 10 minutes en les retournant régulièrement.

3. Déposer les tranches de courgettes et d'oignon dans un plateau d'aluminium. Déposer sur la grille et cuire 4 minutes en remuant de temps en temps.

4. Couper les pains en deux sur l'épaisseur. Badigeonner l'intérieur des pains avec le beurre à l'ail.

5. Faire griller les pains 1 minute sur la grille supérieure du barbecue.

6. Trancher les saucisses.

7. Garnir chacun des ciabattas de provolone, de courgettes, de saucisses et d'oignon.

Pitas à la grecque

Préparation : 25 minutes • Marinage : 30 minutes
Cuisson : 12 minutes • Quantité : 4 portions

30 ml (2 c. à soupe) d'huile d'olive

1 citron (jus)

15 ml (1 c. à soupe) d'origan frais haché

15 ml (1 c. à soupe) de menthe fraîche hachée

250 ml (1 tasse) de feta émiettée

680 g (1 ½ lb) de cubes de porc

2 poivrons rouges coupés en morceaux

1 oignon coupé en morceaux

Sel et poivre au goût

125 ml (½ tasse) de mayonnaise

15 ml (1 c. à soupe) d'ail haché

4 pains pita

4 feuilles de laitue romaine

1. Dans un bol, mélanger l'huile avec le jus de citron, l'origan, la menthe et la moitié de la feta.

2. Verser dans un sac hermétique et ajouter les cubes de porc. Laisser mariner de 30 à 40 minutes au frais.

3. Au moment de la cuisson, préchauffer le barbecue à puissance moyenne-élevée.

4. Piquer les cubes de porc sur des brochettes en les faisant alterner avec les morceaux de poivrons et d'oignon. Assaisonner.

5. Sur la grille chaude et huilée du barbecue, cuire de 12 à 15 minutes.

6. Pendant ce temps, mélanger la mayonnaise avec l'ail et le reste de la feta dans un bol.

7. Faire griller les pitas quelques secondes de chaque côté sur la grille supérieure du barbecue.

8. Déposer 1 feuille de laitue et 1 brochette sur chacun des pitas. Retirer la broche et napper de sauce mayo-feta.

Tortillas au poulet et guacamole

Préparation : **25 minutes** • Cuisson : **15 minutes** • Quantité : **4 portions**

450 g (1 lb) de poitrines
de poulet sans peau
....
1 sachet d'assaisonnements à fajitas
....
15 ml (1 c. à soupe) d'huile de canola
....
1 citron (jus)
....
12 maïs miniatures
....
1 poivron rouge coupé en lanières
....
4 tortillas
....
2 tomates coupées en petits dés
....
1 boîte de pousses de pois
mange-tout de 100 g
....

POUR LE GUACAMOLE :

2 avocats mûrs
....
2 limes (jus)
....
15 ml (1 c. à soupe) d'huile d'olive
....
Sel et tabasco au goût
....
15 ml (1 c. à soupe) de coriandre
fraîche hachée
....

1. Préchauffer le barbecue à puissance moyenne-élevée.

2. Dans le contenant du robot culinaire, réduire en purée la chair des avocats. Ajouter progressivement le jus de lime et l'huile d'olive. Assaisonner de sel et de tabasco. Mélanger jusqu'à l'obtention d'une préparation homogène. Incorporer la coriandre et réserver au frais.

3. Dans un plat creux, déposer les poitrines de poulet et saupoudrer d'assaisonnements à fajitas. Badigeonner d'huile de canola et de jus de citron.

4. Sur la grille chaude et huilée du barbecue, cuire les poitrines de 15 à 20 minutes, en les retournant à mi-cuisson.

5. Déposer les maïs miniatures et le poivron dans un plateau d'aluminium. Déposer sur la grille et cuire 5 minutes.

6. Faire griller les tortillas sur la grille supérieure du barbecue.

7. Émincer les poitrines de poulet.

8. Garnir les tortillas de poulet émincé, de légumes grillés, de tomates et de pousses de pois mange-tout. Napper de guacamole.

Index des recettes